新しい教職基礎論

金子邦秀 監修　伊藤一雄・児玉祥一・奥野浩之 編著

目　　　次

はじめに
第1章　教職の意義と教員の役割……………………………… 7
　　第1節　教職の意義と変遷……………………………………… 7
　　第2節　教員養成と教職課程の変遷…………………………… 15
　　第3節　教員の種類と職階……………………………………… 20

第2章　学習指導要領と教員の職務…………………………… 26
　　第1節　学習指導要領とは……………………………………… 26
　　第2節　学習指導要領の変遷…………………………………… 28
　　第3節　新学習指導要領とカリキュラム・マネジメント………… 36
　　第4節　新学習指導要領と教科指導・教科外指導…………… 38

第3章　教員の職務と校務分掌………………………………… 50
　　第1節　学習指導と校務………………………………………… 50
　　第2節　学級経営・学校経営とチーム学校…………………… 62
　　第3節　生徒指導と教員………………………………………… 69
　　第4節　教育相談と教員………………………………………… 78
　　第5節　進路指導とキャリア教育……………………………… 87

第4章　教員の研修と服務……………………………………… 97
　　第1節　教員の資質能力………………………………………… 97
　　第2節　教員と研修……………………………………………… 99
　　第3節　教員の服務と身分保障………………………………… 102

第5章　幼稚園教員の職務……………………………………… 111
　　第1節　幼稚園教育とは…………………………………… 111
　　第2節　今日の幼稚園教員に求められる専門性………… 116

第6章　特別支援学校及び特別支援学級の教員と職務……… 125
　　第1節　特別支援学校教員と職務………………………… 125
　　第2節　通常学級教員と特別な支援の職務……………… 135

　　巻末資料……………………………………………………… 144

は じ め に

　教員という仕事は、幼児期から青年期までを過ごしたたいていの人々にとっては、一番身近な仕事のように感じられるのではないだろうか。また、その途上で出会った厳しいけれども、優しさを秘めた多くの教師のイメージを通じて理解されているであろう。本書は、まさに、そのような教員という仕事を目指す人のために執筆された。教員という仕事は、子どもの目から見える面もあるが同時に子どもの目からはもちろん、他の大人達にさえ見えない面を持っている。というのは、「善かれ」と思う教育を志向しても、一歩立ち止まってみると、その「善さ」さえ絶対的なものでなく、子どもは教員の示す「善さ」を踏み台にして未来に生きていく存在なのである。「善さ」が方向性を示してくれるがその内実と程度は絶対的なものではない。だからと言って、いい加減なことをしていては、子どもはすぐにそれを見破る鋭い感性を備えた存在であることを忘れてはならない。そうした、教員への道を踏み出そうとしている人にとっても、また、現に教職にあって自らの来し方を省察しようとする教員にとっても、教員の仕事について考える時に、その手引きとなる参考書として、本書は企画された。
　今まさに、教職は、それを取り巻く社会的状況とともに、大きな期待を寄せられている。同時に、様々な課題や責任を背負いこみ、それらに挑戦することが求められている。

こうした、教員の仕事をより深く多面的に理解するのに役立てたい。そう考えて、幼児教育、学校教育から高等教育、さらにはキャリア教育と、様々な専門分野の教育・研究の経歴とそれらについての豊かな識見を持つ幅広い執筆者たちの協力によって本書を世に問うこととした。本書は、初学者にとってもわかりやすいことを念頭に、基本的な事項に絞り込むとともに、重要な概念や用語について理解しやすいように本文を平易に記述してもらうようにした。また、巻末の資料は、参照して本文の理解を助けるものを精選して掲載した。本書が読者の手の届くところに絶えず置かれ、読者の実践を通じて日本の教育の質的向上につながってくれればと祈念するところ切なるものがある。著者たちの熱い志の幾分なりとも読者に伝われば、これほどの幸甚はない。しかし、いかんせん小冊子であり、至らぬ点もあろうかと思う。そこで、読者諸賢の忌憚のないご叱正を仰ぎたい。末筆になったがサンライズ出版の岩根順子様には本書の計画から出版までひとかたならぬご厚情を賜った。心より感謝とお礼を申し上げたい。

監修　金子邦秀

第1章　教職の意義と教員の役割

第1節　教職の意義と変遷

1．多様な教職論

　教職という用語はよく使用されている。広辞苑（第5版）によれば「児童、生徒、学生を指導する職」とある。学校教育法第1条には学校を幼稚園、小学校、中学校、義務教育学校、高等学校、中等教育学校、特別支援学校、大学（短大、大学院を含む。以下大学等と略す）、高等専門学校と定義している。これらの学校は「一条校」と総称している。これ以外には専修学校や各種学校などもある。教職を広義に解すれば、これらの学校で働く教員としての職務を総称することになる。

　本書では第1条に示された学校の内、幼稚園、小学校、中学校、義務教育学校、高等学校、中等教育学校、特別支援教育学校に勤務し、教育職員免許法により教員免許状（以下本章では教免と略す）を必要とする職務を教職として扱い、それ以外の大学や専修学校で教育に従事する教員の職務は含まない。

　教職というのは、日本社会が近代の学校制度を取り入れて以後に使われた言葉である。それも、教員養成が第二次大戦以後に、教免取得の開放制を取り入れることにより一般的になった。開放制というのは文部科学省（発足時は文部省）が教職課程を認可した大学等であれば、どの学校においても必要な教職の単位を取得すれば、教免が取得できる制度である。この教職についての視点は歴史的に見て、聖職論、労働者論、専門職論の3点に大別できる。

　第1点の聖職論であるが、これは戦前（1945年以前）のように同世代の若者のほとんどが義務教育を終えると社会に出た時代の教職観になる。当時の

人々にとって教職とは主として小学校の教員の職務を指していた。当時の日本社会においては小学校教員の養成は全国に設けられた師範学校で行われていた。天皇制国家の下で、国の指導者を養成する高等教育機関と、国家目的に忠実な臣民を育てる義務教育である小学校とでは、教員の社会的威信や待遇に大きな差があった。この時代の教員の圧倒的多数は小学校教員である。教員に要請されたのは「教職とは聖なる職業である」という立場である。戦前の社会にあっては現人神である天皇に、より近い立場や地位の人ほど「偉い」のであり、国家権力と密接に結びついている職業ほどその社会的威信は高かった。例えば一つの小さな地域社会としての村を考えてみよう。村の権力者は、任命された村長、郵便局長、駐在（巡査）、駅長（当時の鉄道省、現在のJRの前身の駅長）そして小学校の校長である。いずれも行政機構の末端を担っている人たちである。この社会では小学校の教員も国家機構の一担当者として、国に忠誠を尽くす人物を育てることが第一の使命であるとされた。教員の仕事は身を粉にして子どもを臣民に育てることである。賃金や労働条件のことは口にするだけでも卑しいこととされた。多少誇張すれば、富国強兵を目指す大日本帝国の国家目的のために自己を犠牲にする子どもを育てることに邁進するのが立派な教員として評価された。この立場に立つ教職観を「教職の聖職論」と呼ぶ。

　第2点は「労働者論」である。1945（昭和20）年、第二次世界大戦が終結すると社会状況は一変した。天皇の人権宣言がなされ、1946（昭21）年11月3日に新しい憲法が公布され、翌年の1947（昭和22）年5月3日に施行されることになった。憲法の内容について種々の論議はあるが、連合軍の占領下で制定された憲法であるという事実は明確である。戦前において国の教育規範であった教育勅語に代わり教育基本法が制定された。

　その第1条「教育の目的」には「教育は人格の完成を目指し、平和で民主的な国家及び社会の形成者として必要な資質を備えた心身ともに健康な国民の育成を期して行わなければならない」と記されている。2006（平成18）年に教育基本法は大幅に改訂されたが、この第1条の「教育の目的」は変わっていない。戦前の帝国憲法下では、厳しい労働条件の下であっても「聖職」という言葉で発言さえ許されなかった教員も、労働組合に相当する職員団体

を結成し、団結権や団体交渉権を持てるようになった。そして労働者としての権利を主張できるようになった。それまで自己主張をすることを許されなかった教員にとっては画期的な出来事であった。このように教員の職務も一般の労働者と相違はないとする教職観に立つのが教職の「労働者論」である。

第3点が教職の「専門職論」である。第2点の「労働者論」は教員の労働者としての側面を強調するあまり、成長発達段階にある幼児、児童、生徒（以下本章では生徒等と略す）への教育活動をおろそかにして「組合活動」にばかり専念している教員がいる等の批判も生じた。教員はたしかに労働者としての側面もあるが、対象は成長発達段階にある生徒等であり、次世代の日本社会を背負う人材を育てるという重要な責務がある。一般の労働者とは異なる職務上の専門性があるとする立場である。この教職の「聖職論」と「労働者論」を止揚した内容として「専門職論」が生まれてきたと捉えることができる。

この「専門職論」は教員という職務に従事し、その社会的役割を果して報酬を得るという点では一般の労働者と違いはない。しかし、一般労働者の従事する多くの職業は成人を対象としているのに比して、教員の職務の対象は、多くが未成年で成長発達段階にある生徒等である。そこには一般の労働者とは異なる社会的責任や専門性が必要である。職務の遂行に当たっては「生徒等の成長・発達に応じた適切な知識・技能等が必要」である。加えて「生徒等に対する深い愛情」や「教職にする使命感」が求められる職業である。本著はこの「教職の専門職論」の視点に立って幼稚園、小学校、中学校、義務教育学校、高等学校、中等教育学校、特別支援学校で教職に従事する教員の意義、役割、職務内容などについて解説する。

2．教職の意義と教員の役割

現在の日本社会には約3万種の職業があるという。その中でも教員というのは電車やバスの運転手と同様に誰もが目にしている職業である。幼稚園児や小学生に将来なりたい職業はと聞くと、電車やバスの運転手と同様に学校の先生も上位にランクされる。また、大学で教職科目を修得し教員になりたいという学生も多い。

ところが、せっかく教免を取得して難関の教員採用試験に合格し任用されても、半年も経過しない内に自信を無くし、退職してしまう人もある。なぜそのようなことが起きるのだろうか。その理由の一つは教員という職業を選択するのに、生徒等の立場からのみ仕事を見てきた点にあるのではないかと推察される。多くの人が教員という仕事を一面的に見ているのである。これは俳優という仕事を、舞台に華やかに登場している姿から見るのと同じである。演劇の俳優が舞台に登場している時間以外に、どれだけ厳しく自己研鑽しているのか私たちは目にすることがない。ときたまその練習を垣間見て華やかさの陰に隠れた厳しさを見て驚くことがある。教員も同様である。本節では教員という職業について、できるだけリアルに紹介し、安易に教職の道を選ぶことのないようにすることも含めて、教職の厳しさを説明したい。

⑴ 教員の職務は多様で多忙である

教員という仕事は「夏休み」「冬休み」など、休暇も多くあり、身分も保証され安定していると思っている人は多い。公立学校の教員は地方公務員である。国立学校は独立行政法人になったとはいえ、待遇は国家公務員に準じている。基本的に一般の公務員と労働条件に大きな違いはない。また、教員は教育公務員特例法により、職務専念義務免除という制度があり、職場を離れての研修や教育に関する他の職務の兼務・兼業も認められている。

しかし、その勤務の実態は外部から見えない現実がある。そこで、中学校教員を例にして、その勤務の概略を説明する。

多くの学校では午前8時30分頃に授業が始まる。その10分前から教職員の朝礼（朝の会）が始まる。そこで当日の連絡事項が校長、教頭、各校務分掌の担当者から連絡がある。この内容は「当日の来校者、授業時間の変更」「生徒への連絡」など種々ある。生徒は授業の始まる30分位前から登校し始めるから、教員も8時頃には登校する必要がある。

さて、授業が始まる。学習指導要領により1回の授業は、特別な場合を除き標準50分とされている。現場ではこの1回の授業を1コマと呼んでいる。多くの都道府県では教員一人のコマ数が週20〜23コマである。高等学校の場合で18〜20コマが多い。表1-1に某中学校教員の授業時間の一例を示す。

表1-1　中学校教員の週当たりの授業時間表

	I	II	III	IV	V	VI	放課後の職務
月	○	○	○		○		教材準備・研究
火		○	○	○	○	○	部活動等の顧問
水	○	○	○			学活	各種相談活動・生徒指導
木		○	○	○	○		家庭訪問・職員会議
金	○	○	○	○	○		その他の校務

○印は授業のある時間　学活は学級活動（高校の場合はHR）

　これを見るとほとんど空き時間がないことに気付くだろう。加えて授業の合間の空き時間でも欠勤した教員のいる場合は、誰かが代講しなければならない。教材準備などで予定していた時間に、代講が重なると同僚の教員から苦情もでてくる。これは午後3時頃までのことである。放課後は職員会議、学年会、生徒の個人相談、部活動の顧問としての指導などがある。初任者教員の場合はこのコマ数は多少減らされるが、日々の職務だけで下校時間が7時、8時になることも多い。帰宅しても明日の授業の準備がある。また、体育祭や文化祭の前後は帰宅が10時、11時になることも珍しいことではない。休日といっても部活動の対外試合などの引率がある。夏休みといってもお盆の前後の数日だけで、あとは学校や教育委員会主催の研修会に参加しなければならない。また、10年ごとに教免の更新講習もある。小学校や高校の場合も授業時間などは多少異なるが、勤務の形態は中学校と同じである。このように教員の仕事は外から見えない多くの職務がある。これを減らす方向で行政も動いているが、問題は簡単に解決しそうにない。日本の教員の職務は多忙であるというのは、世界的に明らかになっている。2014年のOECD調査では加盟国34ヶ国中、小学校の場合、加盟国は1週間の勤務時間が平均38.3時間に対し、日本は53.9時間と最高である。中学や高等学校の調査はないが、おそらく小学校と大差はないだろう。教員の勤務は多くの人が予想しているより厳しいことを理解しておく必要がある。

(2) 教員の職務は人間が相手である

　職業をその対象別に分類すると、農業や漁業のように作物を育てたり、魚を捕るといった自然を相手とする仕事、工業のように「もの」を加工したり、組み立てたりして製品を作る仕事、そして、商業、サービス業のように人間を相手とする仕事に分けられる。教員の仕事は人を相手とする仕事である、それも成人でなく成長発達段階にある生徒等であり、この点で他の多くの職業とは異なる専門性がある。ところが教員を希望しながら、人を相手にする仕事になじめない人がいる。また苦手な人がいる。本人の努力により克服できるが、つらい思いをしなければならない。

　例を1学年4学級とすると全学年で12学級、全生徒数が360人程度の中学校に勤務している教員を考えてみよう。教員の授業時間を仮に21コマとする。1クラス週3コマの授業を担当すれば7クラスの授業を受け持つことになる。1クラスの生徒数は約40人であるから、この教員が授業で顔を合わせる生徒は280人になる。そこには個性の異なる生徒が在籍している。中学校や高等学校の場合は思春期という成長発達の節に当たる「難しい」年頃である。友人や教員との関係をめぐってトラブルも起きる。学級担任（高校ではHR担任以下学級担任と略す）を持てば、生徒の親との面談も重要な職務になる。家庭訪問では、社会経験のある自分より年上の親たちを相手に話し合いを持たねばならない。PTAや生徒指導では地域の人たちとの懇談も必要になる。とうてい人間嫌いでは勤まらない仕事である。高等学校等では教員の仕事は授業だけであると錯覚している人もたまにいるようであるが、このような人が教員になると、学級運営や問題行動を起こした生徒の指導をめぐってトラブルになることが多い。成長発達段階にある生徒が集団生活を送っている学校にあっては生徒等同士、ときには生徒等と教員との間で人間関係のトラブルがあるのは当然のこととして見なければならない。トラブルが全くない学校があるとすれば、それは教員が気付いていないか、強権的な管理体制をとり、問題が表面化していないだけである。いじめ事件などからくる自殺問題等が生じて慌てるケースはこの場合が多い。問題なのは人間関係をめぐるトラブルに対して、まず問題を早期に発見し、それを生徒等の成長にとって、どうプラスの方向に持っていくかが教育指導上の課題である。このような問

題の取り扱いには、生徒等の成長発達の特徴と、熟慮した人間関係を処理する能力が必要である。それが専門職としての教員の仕事でもある。ただ、この「人間嫌いでないこと」の意味は社交的な性格という意味でなく、根源的な立場において生徒等に対して深い愛情を持って接していける人であることを理解しておく必要がある。

(3) 教員の仕事は学び続けることである
　学校生活を振り返ってみれば、だれでも楽しいことや嫌なことがあったに違いない。その学校生活の中で最も多くの時間を過ごしているのが授業である。通常であれば午前9時頃から午後の3時頃まで生徒等は学校で過ごし、その大半が授業である。その授業がつまらないということになれば、生徒等にとってこれほど辛いことはないだろう。中学校や高等学校の教科を例にすると、ある生徒にとっては国語が、あるいは数学が嫌だといい、また別の生徒にとっては、その時間が楽しいという。このように好き嫌いができるのはなぜだろうか。この原因を突き止めることは難しい問題であるが、その一つに指導する教員に問題があるという一面も真実だろう。
　例えば大学生に自分の好きな、あるいは得意な教科、あるいは嫌いな教科を質問し、その原因を聞くと、数学が好きだった学生は「中学時代の先生の授業が上手で、質問にも丁寧に答えてもらったから……」と言い、英語が苦手だと言う生徒は「高校の英語の時間に理解の不十分なままどんどん授業が進んでしまい、質問しても適切に答えてもらえなかった。そのため、英語の授業に出席することが苦痛になり、教科そのものが嫌になってしまった……」等の答えが返ってくる。このような事例はよく聞くことである。もちろん反面教師という言葉があるように、高校生ぐらいになると、こんな教員に習っていては力がつかないと、自力で学習に励む生徒もいるが少数である。
　原因は教員だけでないことは事実であるが、教員の影響力は無視できない。小、中、高等学校の学習内容は教科書や指導書などもあり、何年も教員をすればそれほど難しいものではない。そこに落とし穴がある。多くの教員は5年、10年の内にマンネリに陥り「学ぶ」ことから遠ざかる人も多い。しかし感受性の豊かな成長発達段階にある生徒等の眼はごまかせない。あの先生の

授業はよく解る。難しい問題も丁寧に教えてもらえる。反対にあの先生の授業はなにを言っているのかさっぱり解らない。こうした評判は生徒の一面的な見方であるといっても、的を得ていることも多い。

　そして教え方が上手であると生徒等が言っている教員をよく観察してみると、教員の日頃からの研鑽によるところが多い。授業中のなにげない雑談ともいえる内容に教員の学問に対する姿勢が現れてくる。そうした一言が生徒等の将来の方向を決めることもある。なによりも教員は「学ぶことの好きな人」であってほしい。たんに教科の理解力が優れているだけでは不十分である。生徒等はどこで躓いているのか。それを理解する必要がある。つねに学習を続け、生徒理解に優れ、授業の上手な教員が現在の日本社会には求められている。それは「学ぶことの好きな教員」から生まれるといっても過言ではない。どこの学校にも目立たないが、生徒の信頼の厚い教員は一人や二人いるものである。そうした教員に共通しているのは教科指導に優れている点である。教科指導というのは、生徒指導や進路指導なども含めた「教育指導の総合力」として捉えることができる。自分の勤務している学校の現状を理解した上での指導が求められる。新しく教員になった人は早くそのような先輩教員を見つけ、教科指導や生徒指導の方法を学ぶことである。それは表面だけでなく、見えないところを学ぶ必要がある。生徒の信頼の厚い教員に共通しているのは、視点がつねに生徒に向いていることである。繰り返すが教員は「学ぶことの好きな人」であり、「学び続ける人」になってほしい。教員という職業は人にものを教える仕事であるから、つねに勉強している人が多いように世間では思われているが、「学び続けている人」が意外に少ないと思うのは、筆者だけであれば嬉しいことである。

　以上教員という職業について述べてきたが、最初から指導力のある教員がいるわけではない。何度も修羅場を潜り抜けてきたベテランのスポーツ選手と同様に、教員という日々の職務を通じて自分を鍛えることにより指導力が身に着くのである。その姿勢が生徒等や保護者の信頼の厚い教員を創る。教員という職業も「on the job training」によりより完成したものに近付くのである。

第2節　教員養成と教職課程の変遷

　教員養成の方法は国により大きく異なる。日本の場合、戦前はドイツなどを中心にした欧州の影響が強く、初等教育の教員は中等教育に相当する師範学校（Normal school）で養成された。中等教育の教員は高等師範学校で専門的に養成するのが基本であった。その他の旧制の専門学校や大学でも、卒業生は検定試験を受けて教員になることも可能であった。学校により検定試験を免除され教免を取得できる学校もあったが、正系、傍系の言葉が示すように、師範学校の卒業生が初等教員養成の主流であり、その他の学校は傍系であるという意識が教員及び外部の人にも強かった。これは教員の世界だけに限らず、初等教育を終えた後の進路について、本人が選んだ道から進路を変更するのが困難な複線型の学校制度の特徴でもある。

　第二次大戦後は戦勝国である連合国、といっても実際はアメリカ合衆国であるが、この合衆国の教育使節団が、日本の教育制度について詳細な調査を行い1946（昭21）年に占領軍の最高司令官に報告書を提出し、教員養成制度の改善勧告をしている。占領国が被占領国の教育制度まで関与した現実をどう捉えるか。戦後日本社会の教員養成が抱える問題の原点はここにある。

　1947（昭22）年に学校教育法が制定され、戦前の初等教育を中心とした教員養成の方法は、指導技術のみに重点が置かれ、幅広い教養のある教員を育ててこなかったという反省から教育使節団の勧告を受け入れ、それまで中等教育に位置付けされていた師範学校を、アメリカ合衆国のリベラルアーツをモデルとして学芸大学として大学に昇格させた。師範学校は終戦直前に旧制の専門学校と同等の機関として昇格していたので、わずか5年も経過しないうちに中等教育から高等教育機関になったのである。教免は学芸大学も一般大学も教職課程を認可されたどの大学においても取得が可能になった。この改定により多くの大学が教免を取得できるようになった。教職課程というのは、教免を取得するため大学に設けられた教育課程（カリキュラム）である。これが免許法に定められた条件を満たしていれば教免が取得できる制度である。表1-2に戦後の教育職員免許法関係の大きな流れを示す。

表1-2　教育職員免許法関係の変遷

年月	事項	備考
1949(昭24) 5月	教育職員免許法(以下免許法と略)の新設、開放制による免許制度が始まる。一級、二級、臨時の3区分、臨時を除き、幼、小、中、高、盲、聾、養護の7種類は高を除いて一級(学士)、二級(短大卒)、高のみ一級(修士)二級(学士)が基礎資格となる。	当初は教育長、校長、指導主事免許があったが、1954年に廃止される。
1988(昭63)12月	免許法の改訂、専修、一種、二種、臨時*、特別**の4区分、幼、小、中、高、盲、聾、養護、の7種類になる。高校のみ専修は修士、一種は学士、その他の校種は、一種は学士、二種は短期大学士である。	特別免許状(幼稚園、中等教育学校を除く)が新設される。
1997(平9) 4月	小、中学校の教諭免許状(以下教免と略)取得希望者に7日間の介護体験が義務付けされる。	
1998(平10) 4月	教免取得単位が大幅増になる。例) 中学1種　教職科目19単位⇒31単位	
2002(平14) 4月	懲戒免職者は教免の失効等、免許失効に関する措置が強化される。	
2004(平16) 7月	栄養教諭免許状の新設	
2006(平18) 3月	特別支援学校教諭免許状が新設、専修、一種、臨時、特別の4区分、幼、小、中、高、養護、栄養、特別支援***の7種	
2007(平19) 5月	教免更新制(10年)が制度化される。	
2008(平20) 4月	教職実践演習の新設、教職課程の是正勧告及び認可取消しの制度が始まる。	

　*　臨時免許状は教免所持者がいない等やむを得ない事情のある場合に都道府県教育委員会の教育職員検定を受けて発行される助教諭免許状である。有効期間は発行した都道府県で3年間である。
　**　特別免許状は社会的経験、専門的な経験や知識、社会的信望等を有する者に任命又は雇用する者の推薦がある場合は教育職員検定を受けて発行される。有効期間は発行された都道府県で10年である。
***　特別支援学校免許状はそれまでの盲学校、聾学校、養護学校の3種の免許状を一本化したものである。

　戦後の新しい大学教育は一般教育、専門教育、教職教育の3領域からなっていた。国立大学設置法(昭41法48号)が1966(昭和41)年、一部改変され、学芸大学は教育大学と改称され目的化の立場を強めることとなったが、教免の開放制は現在に続いている。
　その後、産業構造の変化による日本社会の高度成長のなかで高校進学率は

1974 (昭49) 年に90％を突破、大学等の進学率も2007 (平成19) 年に50％を突破した。入学してくる生徒等に対して教科指導のみでなく、生徒指導、進路指導、教育相談等も含めた「教育指導」に指導力のある教員が求められるようになってきた。一方で、教免を取得する学生にも、教員としての力量や使命感に欠ける学生も現れてきた。1988 (昭和63) 年に教員養成審議会の答申に基づき、教免法の大規模な改訂が行われた。さらにそれを徹底する方向で1997 (平9) 年に「新たな時代に向けた教員養成の改善方策について」と題する答申を同審議会は文部省に提言している。これを受けて教免を取得する単位が大幅に増加した。主たる内容は以下の4点である。

1. 教科の指導法の充実を図るため教科教育法(指導法)の単位数が増加した。
2. 生徒指導、進路指導、教育相談の科目単位数が4単位とそれまでの2倍となった。
3. 総合演習という教員として必要な学問的力量と、視野の拡大を目指した科目が新設された。この科目は2009 (平21) 年度よりなくなり、新たに「教職実践演習」という科目が設定された。
4. 教育実習の単位が増加した。

この改定により教免を取得するのに必要な単位は、それ以前に比較して約30％増加した。教員は勤務する学校の校種や教科などにより必要な教免は異なる。2016 (平成28) 年現在で教免には普通免許状、特別免許状、臨時免許状の3種ある。普通免許状は専修、一種、二種の3段階に区分されている。免許取得に必要な基礎資格は高等学校の教免の場合は専修免許状が修士、一種免許状が学士であり二種免許状はない。幼稚園、小学校、中学校、特別支援学校の教諭、養護教諭、栄養教諭の教免に必要な基礎資格は一種が学士、二種が准学士である。中学校と高等学校の普通免許状は教科ごとに授与される。

特別免許状は教免に必要な基礎資格がなくても、担当する教科に関して、専門的な知識・経験・技能を有し、社会的に信望があり、かつ教員の職務を遂行するのに必要な熱意と識見をもっている者などに免許授与権者の検定を経て授与される。授与条件は普通教免と同じで教免法第5条に18歳未満、禁固以上の刑に処せられた者は授与されないなど詳細に決められている。この

表1-3　教職課程のカリキュラム（小学校、中学校、高等学校）

第一欄	教科及び教職に関する科目	各科目に含めることが必要な事項	最低取得単位数 小学校	最低取得単位数 中学校	最低取得単位数 高等学校
第二欄	教科及び教科の指導法に関する科目	教科に関する専門的事項	専修：30 一種：30 二種：16	専修：28 一種：28 二種：12	専修：24 一種：24
		各教科の指導法（情報機器及び教材の活用を含む。）			
第三欄	教育の基礎的理解に関する科目	教職の理念並びに教育に関する歴史及び思想	専修：10 一種：10 二種：6	専修：10 一種：10 二種：6	専修：10 一種：10
		教職の意義及び教員の役割・職務内容（チーム学校運営への対応を含む。）			
		教育に関する社会的、制度的又は経営的事項（学校と地域の連携及び学校安全への対応を含む。）			
		幼児、児童及び生徒の心身の発達及び学習の過程			
		特別の支援を必要とする幼児、児童、生徒に対する理解（1単位以上修得）			
		教職課程の意義及び編成の方法（カリキュラム・マネジメントを含む。）			
第四欄	道徳、総合的な学習の時間等の指導法及び生徒指導、教育相談等に関する科目	道徳の理論及び指導法（小、中のみ1種2単位、2種1単位）、高校はなし。	専修：10 一種：10 二種：6	専修：10 一種：10 二種：6	専修：8 一種：8
		総合的な学習の時間の指導法			
		特別活動の指導法			
		教育の方法及び技術（情報機器及び教材の活用を含む。）			
		生徒指導の理論及び方法			
		教育相談（カウンセリングに関する基礎的な知識を含む。）の理論及び方法			
		進路指導（キャリア教育に関する基礎的な項目を含む。）の理論及び方法			
第五欄	教育実践に関する科目	教育実習（学校インターンシップ（学校体験活動）を2単位まで（高校は1単位まで））含むことができる。	専修1、2種 5	専修1、2種 5	専修1、2種 3
		教職実践演習	2	2	2
第六欄	大学が独自に設定する科目		専修：26 1種：2 2種：2	専修：28 1種：4 2種：4	専修：36 1種：12

第一欄の「最低取得単位数」は第二欄から第六欄までを通して適用される。

表1-4 教職課程のカリキュラム（幼稚園）

第一欄	教科及び教職に関する科目	各科目に含めることが必要な事項	最低取得単位数		
			専修免許	1種免許	2種免許
第二欄	領域及び保育内容の指導法に関する科目 教科及び教科の指導法に関する科目	領域に関する専門的事項	16	16	12
		保育内容の指導法（情報機器及び教材の活用を含む。）			
第三欄	教育の基礎的理解に関する科目	教職の理念並びに教育に関する歴史及び思想	10	10	6
		教職の意義及び教員の役割・職務内容（チーム学校への対応を含む。）			
		教育に関する社会的、制度的又は経営的事項（学校と地域の連携及び学校安全への対応を含む。）			
		幼児、児童及び生徒の心身の発達及び学習の過程			
		特別の支援を必要とする幼児、児童、生徒に対する理解（1単位以上修得）			
		教育課程の意義及び編成の方法（カリキュラム・マネジメントを含む。）			
第四欄	道徳、総合的な学習の時間等の指導法及び生徒指導、教育相談等に関する科目	教育の方法及び技術（情報機器及び教材の活用を含む。）	4	4	4
		幼児理解の理論及び方法			
		教育相談（カウンセリングに関する基礎的知識を含む。）の理論及び方法			
第五欄	教育実習に関する科目教職実践演習	教育実習（学校インターンシップ（学校体験活動）を2単位まで含むことができる。）	5	5	5
		教職実践演習	2	2	2
第六欄	大学が独自に設定する科目		38	14	2

最低取得単位数

教免は発行された都道府県で10年間有効である。

　臨時免許状は普通教免を持つ適当な人が得られない場合に限り、発行した都道府県で3年間有効となる教免のことである。教免の有効期間は過去には終身であったが、2007（平成19）年から現職教員に対して教免の更新制が取り入れられた。この趣旨は変化する時代の中で、教員として必要な新しい知識、技能などを学習し、教育指導の充実を図ることが目的である。10年ごとに講習を受けなければ教免の有効期限が切れる制度である。これは、10年経過後も教免そのものが無効になるのでなく、更新講習を受講し合格すれば、その時点から10年間は有効となる。また、2019（平成29）年度に免許関係法規が改訂され、従来教科と教職科目が別の項目となっていたのを教科及び教職に関する科目として一本化され、教科も教員養成に必要な内容を求めることがより明確にされた。表1-3は小学校、中学校、高等学校、表1-4は幼稚園の教免取得に必要な教職課程の科目である。

第3節　教員の種類と職階

1. 教員の種類と定義

　学校には多くの人が働いている。その学校も幼稚園、小学校から中学校、高校、大学等まで多様である。本節では学校の定義及びそこで働いている教職員の職務を分類し、教員と呼ばれている人々の種類と職階について解説する。

　学校教育法第1条「学校の定義」において「この法律で学校とは幼稚園、小学校、中学校、義務教育学校、高等学校、中等教育学校、特別支援学校、大学及び高等専門学校とする」と記されている。ここには専修学校は含まれていない。しかしこれも学校である。同法第124条には「第1条に掲げるもの以外の教育施設で、職業若しくは実際生活に必要な能力を育成し、又は教養の向上を図ることを目的として次の各号に該当する組織的な教育を行うもの（当該教育を行うにつき他の法律に特別に既定のあるもの及び我が国に居住する外国人を専ら対象とするものを除く）は専修学校とする」と記されて

いる。この専修学校は主として中学卒業生を教育の対象とした高等課程（高等専修学校）と高校卒業生を教育の対象とした専門課程（専門学校）と、それ以外に特に学歴を問わない一般課程の3種類ある。

　さて、ここまで漠然と教員という言葉を用いてきたが、この教員も多くの種類がある。教育公務員特例法第2条「定義」で「この法律で『教育公務員』とは地方公務員の内、学校教育法第1条に定める学校であって……中略……同法第2条に定める公立学校の学長、校長（園長を含む）、教員及び部局長並びに教育委員会の教育長及び専門的教育職員をいう」と記され、さらに同法の第2条の2項に教員の定義が示されている。この中で教員とは上記の一条校の教育公務員から学長、校長及び教育委員会の教育長及び専門的教育職員（指導主事及び社会教育主事）を除いたものを教員と定義している。

　一般に学校教育法第1条で定義された学校を「一条校」と呼んでいる。この一条校のなかで幼稚園、小学校、中学校、義務教育学校、高等学校、中等教育学校、特別支援学校で教職に従事し、教育公務員特例法で定められた教員を本書では教員として取り扱う。

　したがって一条校に含まれていても高等専門学校や大学等、あるいは専修学校の教員は特別に記さない限り教員には含まない。教員の職名の種類は以下の通りである。幼稚園、中学校や高等学校も基本的にはこれに準じている。ただ大規模校では、2）に示したような教員が置かれている。学校教育法第37条には

1）小学校には、校長、教頭、教諭、養護教諭及び事務職員を置かなければならない。
　（幼稚園の場合は養護教諭、事務職員は置くことができる、となっている）
2）小学校には前項に規定するもののほか、副校長、主幹教諭、指導教諭、栄養教諭その他必要な職員を置くことができる。
3）1）、2）の規定にかかわらず副校長を置くとき、その他特別の事情のある時は教頭を、養護をつかさどる主幹教員を置くときは養護教諭を、特別の事情のある時は事務職員をそれぞれ置かないことができる。

表1-5　教員の職名と職務

職　名	職　　務
校　　長	校務をつかさどり、所属職員を監督する。
副校長	校長を助け、命を受けて校務をつかさどる。校長が事故あるときは職務を代理し、校長が欠けたときはその職務を行う。
教　　頭	校長〈副校長を置く学校にあっては校長、副校長〉を助け、校務を整理し、及び必要に応じ児童の教育をつかさどる。
主幹教諭	校長〈副校長を置く学校にあっては副校長〉及び教頭を助け、命を受けて、校務の一部を整理し、並びに児童の教育をつかさどる。
指導教諭	児童の教育をつかさどり、並びに教諭その他の職員に対して、教育指導の改善及び充実のために必要な指導及び助言を行う。
教　　諭	児童の教育をつかさどる。
養護教諭	児童の養護をつかさどる。
栄養教諭	児童の栄養の指導及び管理をつかさどる。
助教諭	教諭の職務を助ける
講　　師	教諭又は助教諭に準ずる職務に従事する。

と定めてある。このうち校長は教育公務員特例法では教育公務員であるが教員ではない。

　その他の職員（以下事務職員等と略す）も教員ではない。つまり校長と事務職員等を除いた職員が高等学校以下の学校では教員である。校長及び教員の職務については同法を整理すると以下のようになる。幼稚園の場合は校長が園長となる。中学や高校の場合は児童を生徒、幼稚園の場合は幼児と読み替えればよい。表1-5に教員の職名と職務の関係を示す。

　講師は現場においては、常勤講師と非常勤講師に分けられる。前者の職務は教諭と変わらない。ほとんどの校務を分担するが、勤務期間は1年未満である。通常産休や育休の教員の代替として勤務することが多い。後者は中学校や高等学校に多く、特定の教科を1週間の内、定められた日時のみ勤務し授業を担当する教員である。

　上記の教員に加えて高校などでは実習助手が置かれている場合がある。普通科の高校においては理科の実験の補助的業務や実験器具の整備管理をする職務に従事している職員であるが、専門高校などでは教育指導の重要な一端を担っている。例えば工業高校の実習指導や農業高校の農業実習などである。

いずれも実務経験の豊富なその領域についてはベテランの教員に準ずる職務なのであるが法令上は教員ではない。この他に障害のある生徒等を教育する特別支援学校や義務教育の小学校や中学校に付設されている特別支援学級の教員は特別支援学校教諭の教免が必要である。この職務については第6章で詳細に記すが、幼稚園、小学校、中学校、高等学校などの教免を取得したうえで特別支援教育に必要な専門知識や技能を修得し、特別支援学校教諭の教免を取得する必要がある。

2．教員の職階

　教員という職業は官庁や民間の事業所に比べて、職務上の階層差は大きくない。一般の事業所であれば、社員、主任、係長、課長、次長、部長など多くの職階があり、その職務も上位になるほど責任と権限が増える。

　しかし、学校は校長、教頭、教諭という職務上の階層があるだけである。2007（平成19）年に学校教育法が一部改訂されたが、副校長、主幹教諭、指導教諭を置くことができるとなっているだけである。法的には校長は「校務をつかさどり、所属職員を管理する」のであり、副校長は「校長を助け、命を受けて校務をつかさどる。校長に事故あるときはその職務を代理する」、教頭は「校長（副校長を置く学校では校長及び副校長）を助け、校長（副校長を置く学校では校長及び副校長）に事故あるときはその職務を代理し、校務を整理し必要に応じ児童の教育をつかさどる」となっている。一方で教諭は「児童・生徒の教育をつかさどる」とされているだけである。一般職の公務員や民間事業所に勤務する労働者と比べて、その自由度は大きいと捉えられる。これは教育という仕事の幅の広さと、成長発達段階にある生徒等を対象とするのが主たる職務であり、他職とは異なる専門的性格を持つ仕事のためである。

　公立学校の教員の場合、教育公務員特例法により、兼務や兼職の範囲も一般職の公務員に比較し認められる範囲は広い。学校運営を円滑にするという理由で主任制が1975（昭50）年に設けられたが校長、教頭のような管理職としての位置付けになっていない。

　小学校の場合、学校教育法施行規則の第44条に「学校には教務主任、学年

主任を置くものとする」とされ、「教務主任、学年主任は指導教諭又は教諭をもってこれに当てる」とされている。加えて保健主事がある。中学校や高校には生徒指導主事、進路指導主事、専門高校には学科長、農場長などが置かれている。

　主任の業務については、例えば教務主任の場合は「校長の監督を受け、教育計画の立案その他の教務に関する事項について連絡調整及び指導助言に当たる」となっている。このように比較的職階の幅が小さいということは、教育という仕事と深く関係する。日々の教育活動で教員の職務の多くは生徒等との「交わり」の中にある。この行為が教育指導と結びついている。教育活動は校長の管理下にあり、指導内容は学習指導要領により規定されているといっても、教科指導や教科外指導で教員が自由に工夫できる要素は多い。それだけ教員の自主的な取り組みが尊重される職業なのである。

　問題は職階の差が小さく、対象の多くが未成年の生徒等であるだけに教員はその職務に謙虚でなければならない。民間の事業所の職務は成果が上げられなければ、結果はすぐに返ってくる。そのため本人は不満足な結果がでないよう努力しなければならないし、そうせざるを得ない状況に置かれる。

　教員の場合はその成果がすぐに表面化しないし、結果が何年か経過して現れる仕事でもある。それだけ自律性が要請される。同じ学級担任の仕事でも担当する教員によって大きな差が生じる。生徒が生き生きとして活動的なクラスとそうでないクラスができる。なぜそうなるのか。生徒等にその責任を問うのでなく、先輩の教員や教頭、校長等に積極的に助言を求めることも大切なことである。どのような仕事もそうであるが、教員という仕事も「芸を盗む」という心構えが必要である。そのためには日々の職務をおろそかにしないことである。始業前や放課後に学校の中を歩いてみるとよい。自分の担任する学級、グランドを見ればそこには授業では見られない生徒等の姿がある。

　教員という仕事は自主性が大きく認められているが、一方で一般職の公務員と同様「教育という職務」に従事する勤労者としての側面がある。校長や教頭は職務上の上司になる。日常の服務などの問題については、その指示に従う義務がある。これは職務命令という明らかな文書の形で示されることも

あれば、口答で指導、助言という形で示されることもある。教育の問題は指示や命令だけで解決しない問題も多い。教育指導の問題をめぐって先輩や同僚の教員とおおいに議論をすることは必要なことである。自分なりの見解や視点も持たず、すぐに校長の決済を仰ぐといった方法は、指導の最前線にいる教員としては恥かしいことである。指導に対する自分の意見は主張すべきである。ただ、異論はあっても最終的な判断は校長に任せるべきである。その結論により校務が運営されるのである。運営上で生じた責任は校長がとるのである。実際の現場でそのような段階に至る事例はまれであるが、この点は十分に認識しておく必要がある。

（伊藤一雄）

参考文献等
池田輝政・松本浩司編　『アクティヴラーニングを創る学びのコミュニティ』ナカニシヤ出版　2016年
堀内達夫ほか編　『日本と世界の職業教育』法律文化社　2013年
教職問題研究会　『教職論』第2版　ミネルヴァ書房　2010年
山﨑英典編著　『新教育原理』　ミネルヴァ書房　2006年
梅原徹著　『教育学―歴史、理論、課題』ミネルヴァ書房　1997年
伊藤一雄ほか編著　『教育指導の理論と実践―現場で役立つ教員を志す人に―』2002年

第2章　学習指導要領と教員の職務

第1節　学習指導要領とは

　学校において編成する教育課程は、学校教育の目的や目標を達成するために、教育の内容を児童生徒の心身の発達に応じ、授業時数との関連において総合的に組織した学校の教育計画である。学習指導要領とは、全国のどの地域で教育を受けても、一定の水準の教育を受けられるようにするため、学校教育法等に基づき、文部科学省が、小学校、中学校、義務教育学校、高等学校、中等教育学校、特別支援学校で教育課程を編成する際に定めた基準である。学習指導要領について、学校教育法が、各学校段の教育課程に関する事項は文部科学大臣が定めることを規定し、学校教育法施行規則が、各学校の教育課程の基準として文部科学大臣が別に公示する学習指導要領によることを規定している。学習指導要領は、このように教育課程の基準として法体系に位置付けられていることから、法的拘束力を有すると解されている。

　しかし、1947年、最初に作成された学習指導要領は、「試案」とされて、序論においてその意図が次のように示されている。「この書は、学習の指導について述べるのが目的であるが、これまでの教師用書のように、一つの動かすことのできない道をきめて、それを示そうとするような目的でつくられたものではない。新しく児童の要求と社会の要求とに応じて生まれた教科課程をどんなふうにして生かして行くかを教師自身が自分で研究して行く手びきとして書かれたものである」。戦後初の学習指導要領は教師の創意・工夫を奨励することを旨とした手引きであった。あくまでも試案であって、法的拘束力を持つとはされていなかったのである。それが、1958年に改訂された

学習指導要領からは、「試案」を削除して、「告示」文書とされ、教育課程の国家基準を明記した文書となっていく。つまり、学習指導要領は、学校教育法に基づく学校教育法施行規則の委任によって、文部科学大臣が「告示」するものであって、それぞれの学校における教育の編成や実施にあたって、「基準」として扱うものと規定され、法規の一種とみなされるようになるのである。

　日本教職員組合は国の教育政策に対して激しい反対闘争を繰り返し、各地で学習指導要領の法的拘束力の有無を争点として裁判で争ってきた。そこでは、学習指導要領の法的拘束力を認める判決と同時に、学習指導要領は単なる指導助言文書であり法的拘束力はないとする判決もあった。国は、1976年5月の旭川学力テスト事件最高裁判決を根拠にして、学習指導要領の法的拘束力を主張しているが、同判決では、学習指導要領の法的性質について、明確に述べているわけではなく、同判決の読み方は多様である。

　中央教育審議会「初等中等教育における当面の教育課程及び指導の充実・改善方策について（答申）」（2003年10月7日）では、学習指導要領の法的拘束力との関連において、学習指導要領の「基準性」についてその趣旨を次のように示している。「新学習指導要領では、全国共通に指導すべき内容の厳選や大綱化・弾力化を一層進めることによって、社会全体に進む地方分権や規制緩和の流れもある中で、学校の裁量により、学校や教員の創意工夫を生かした指導を行うことが更に可能となっている」。現在、学習指導要領は、「大綱的基準」としての性格を強めている。国民の教育水準を一定に保ち、調和のとれた適切な教育内容を担保するためには、全国的な基準が必要である。しかし、その基準は学校や地域、児童生徒の実態に合わせて弾力的に運用されるべきである。したがって、学習指導要領は、法的拘束力が認められるとしても、それは「大綱的基準」と考えられるべきであろう。

第2節　学習指導要領の変遷

1．民主主義社会の教育課程

　1945年8月、日本は第二次世界大戦に敗れ、連合国軍による占領下において戦後の教育改革が進められた。連合国軍総司令部（GHQ）の要請により、第一次米国教育使節団が来日し、1946年4月、戦後の日本の教育のあり方について『米国教育使節団報告書』が提出された。団員の多くはアメリカの進歩主義教育の立場をとっており、報告書にも次のように記されている。「良いカリキュラムというものは、単に一群の知識をそれ自体のために分与する目的で作られるべきではない。それは生徒の興味から出発しなければならず、生徒たちがその興味を理解できる内容を通して、彼らの興味をさらに拡大し豊かにするものでなければならない」。報告書の提言を受けて、1947年、文部省はアメリカの州レベルで作成されていたコース・オブ・スタディを参考にして初の学習指導要領を作成した。学習指導要領は「試案」とされ、教師が教育課程を編成していくための「手引き」であるとされた。また、当時は教科外活動という領域が明示されておらず、カリキュラムは「教育課程」ではなく、「教科課程」と訳されていた。小学校では、国語・社会・算数・理科・音楽・図画工作・家庭・体育・自由研究の9教科となり、従来の修身・公民・地理・歴史は廃止され、社会科・家庭科・自由研究の3教科が新設された。中学校では、国語・習字・社会・国史・数学・理科・音楽・図画工作・体育・職業（農業・商業・水産・工業・家庭）の10科目は必修科目で、外国語・習字・職業・自由研究の4科目が選択科目となった。この試案の特徴は、児童中心主義、経験主義のカリキュラムであり、社会科が中心的な教科として重視された。社会科では、子どもたちが社会生活のなかで直面している現実的な問題を中心として、その解決のために自発的な活動をしていく経験主義教育の原理を採用した。そのため、教科そのものの内容によって系統立てることはせず、生活経験上の問題解決過程を学習課程として組織した。民主主義社会の建設にふさわしい社会人を育て上げるため、社会科を中心としてすべての

教科学習が生活と結びついて展開されたのである。

　1947年の学習指導要領は、戦後の教育改革のなか急遽作成されたものであり、教科間の関連が十分に図られてはいなかった。そこで、1951年、学習指導要領の1次改訂が行われたが、それは基本的に大きな変更はなく、「試案」という性格は保持され、経験主義のカリキュラムを継承していた。小学校では、教科を、①学習の技能を発達させるのに必要な教科（国語・算数）、②社会や自然についての問題解決の経験を発達させる教科」、③創造的要素を発達させる教科、④健康の保持増進を助ける教科、の4領域に整理するとともに、教科であった「自由研究」を廃止して、「教科以外の活動」（中学校では「特別教育活動」）を新設した。これに伴って、従来文部省が「教科課程」と称していたものをすべて「教育課程」という表現に変更した。この時期は、「社会科」を中心として、すべての教科学習が生活と結びついて展開される教育課程が数多く実践された。また、51年版の学習指導要領からは、高等学校の教育課程が追加され、普通教科を主とする課程と職業教育を主とする課程が設けられた。

2. 高度経済成長期の系統主義教育

　1951年、サンフランシスコ平和条約が締結され、52年には日本は独立国家として主権を回復した。1958年、小・中学校の学習指導要領の第2次改訂が行われた。1958年版の学習指導要領は、GHQ廃止後、日本がはじめて独自に実施した全面改訂であった。この時期の教育は、朝鮮戦争による特需景気によって息を吹き返した産業界からの要請もあり、経済発展に対応した人材を育成するということに主眼が置かれた。58年版の学習指導要領の特徴は、次の3点である。第1に、これまではあった「試案」の文字が消え、文部省告示として官報に公示され、学習指導要領は法的拘束力をもつものとなった。第2に、これまでの経験主義の編成原理を改め、知識を系統的に教えて、基本をしっかりと身につける系統主義の編成原理へと方針転換された。この背景には、基礎学力の低下による「はいまわる経験主義」という批判があった。第3に、日本の政治が「逆コース」をたどるなか、「愛国心」「道徳教育」の必要性が説かれるようになり、週に1度の「道徳の時間」が特設された。小・

中学校の教育課程は、各教科、道徳、特別教育活動、学校行事の4領域となった。高等学校については、1955年に第2次改訂が行われ、先に「試案」の文字が削除された。1960年、高等学校では第3次改訂が行われ、道徳はないが、一般社会が廃止され、「倫理・社会」「政治・経済」が新設され、「倫理・社会」が人間としての価値や生き方を扱う科目とされた。

1960年代になると、スプートニク・ショックを背景とするアメリカにおける「教育の現代化」の影響が日本にも及んでくる。日本においても、経済発展が著しい高度経済成長期を迎え、科学技術を支える人材の育成が求められたことから、「教育の現代化」が打ち出された。そして、学習指導要領は、1968年に小学校、1969年に中学校で第3次改訂が行われた。高等学校では、1970年に第4次改訂が行われた。この改訂において、系統主義の傾向は一層重視され、教育内容が量的にも質的にも拡大し、高度化していった。「教育の現代化」を最も反映したのは、算数・数学・理科であった。例えば、「集合」「関数」「確率」などの新しい概念が小学校段階で導入された。教育課程の分類は、従来の特別教育活動と学校行事が統合され、特別活動となった。この結果、小・中学校の教育課程は、各教科、道徳、特別活動の3領域となった。高等学校については、各教科、教科以外の活動の2領域となった。

3．教育の人間化と新しい学力観

「教育の現代化」による教育課程は、難しくて内容が多すぎるために、授業を速く進行せざるをえず「新幹線授業」と揶揄された。1970年代半ばには高校進学率が90％を超え、教育現場においては受験に必要な大量の知識を注入する「詰め込み教育」の傾向が一層強くなる。そのため、授業についていけない「落ちこぼれ」が増加し、社会問題となっていった。それに伴って、非行、校内暴力、いじめ、不登校、家庭内暴力等の教育荒廃現象が学校教育全体を覆っていった。このような状況の中、学習指導要領は、小・中学校では1977年に第4次改訂、高等学校では1978年に第5次改訂が行われた。学習指導要領改訂の基本理念は「教育の人間化」であり、学校教育の中に「ゆとりと充実」を取り戻そうとした。そのために、まず授業時数の1割削減や教育内容の精選が行われた。そして、授業時数や教育内容削減によって生み出

された時間を活用して「ゆとりの時間」が設定された。また、学習指導要領の基準が大綱的になり、学校や教師の創意工夫が求められるようになった。しかし、教育方針の大きな転換は、学校現場に混乱と困惑を生じさせ、「ゆとりの時間」においても、その使い方で教師の頭を悩ませることとなった。

　1989年、学習指導要領は、小・中学校で第5次改訂、高等学校で第6次改訂が行われた。この改訂の根底にある教育観が「新しい学力観」である。「新しい学力観」は、知識・理解・技能の習得以上に、児童生徒の関心・意欲・態度を重視し、思考力・判断力・表現力に裏づけられた自己教育力を獲得する学力観である。1991年、文部省初等中等教育局長により「小学校児童指導要録、中学校生徒指導要録並びに盲学校、聾学校及び養護学校の小学部児童指導要録及び中学部生徒指導要録の改訂について」が通知された。この通知では、「各教科の学習の記録」において、「観点別学習状況」を「評定」等よりも前に設け、「観点別学習状況」欄は新学習指導要領に示す各教科の目標や内容を踏まえ、自ら学ぶ意欲の育成や思考力、判断力などの育成に重点を置くことが明確になるよう配慮し、観点等を改めた。具体的には、「観点別学習状況」に設定されていた4つの観点の記載順序が、従来の「知識・理解」「技能」「思考」「関心・態度」から、「関心・意欲・態度」「思考・判断」「技能・表現」「知識・理解」へと逆転した。教科の再編として、小学校低学年において、社会科と理科が廃止され、合科的授業である「生活科」が新設された。高等学校では、社会科が解体され、地理歴史科と公民科に再編され、世界史の必修化、家庭科の男女必修化が進められた。また、「個性を生かす教育」「個に応じた指導」が推進され、中学校や高等学校で選択履修幅が拡大し、中学校で習熟度別指導が認められるようになった（高等学校では1978年の学習指導要領より習熟度別学級編成が認められている）。

4.「ゆとり」と「生きる力」

　1990年の東西ドイツ統一、翌1991年のソ連崩壊に象徴されるように、1990年代は東西の冷戦体制が崩れ、経済はグローバル化するようになる。その結果、技術革新と情報化が急速な勢いで進むこととなる。このような世界情勢のなか、1996年の中央教育審議会の第1次答申（「21世紀を展望した我が国

の教育の在り方について」)は、「ゆとり」の中で「生きる力」をはぐくむことを重視することを提言した。「生きる力」について、同答申は「いかに社会が変化しようと、自分で課題を見つけ、自ら学び、自ら考え、主体的に判断し、行動し、よりよく問題を解決する資質や能力」、「自らを律しつつ、他人とともに協調し、他人を思いやる心や感動する心など、豊かな人間性」、そして、「たくましく生きるための健康や体力」を重要な要素として挙げた。また、同答申は「ゆとり」の中で「生きる力」をはぐくむ観点から、完全学校週5制の導入を提言するとともに、そのねらいを実現するためには、教育内容の厳選が是非とも必要であるとしている。

　このような方針を受けて、学習指導要領は、小・中学校では1998年に第6次改訂が、高等学校では1999年に第7次改訂が行われた。そして、小・中学校では2002年度から、高等学校では2003年度の第1学年から学年進行で実施されることになった。この改訂の大きな特徴は、2002年度から実施される完全学校週5日制による教育内容の精選と、「総合的な学習の時間」の創設である。完全学校週5日制のもとで、各学校が「ゆとり」の中で特色ある教育を展開し、生徒の個性を生かし自ら学び自ら考える力などの「生きる力」を育成することを学校教育の方針とした。年間授業時数は、小・中学校において各学年で70単位時間程度減少し、教育内容は約3割削減された。小・中学校の第3次改訂学習指導要領と比較すると、小6では140単位時間、中3では210単位時間が削減されたことになる。

　「総合的な学習の時間」は小学校3～6年生・中・高等学校において、週2～3時間が割り当てられた。各学校は、地域や学校、生徒の実態等に応じて、横断的・総合的な学習や、児童生徒の興味・関心に基づく学習など、創意工夫を生かした教育活動を行うことが求められた。「総合的な学習の時間」の新設により、小・中学校の教育課程は、各教科、道徳、特別活動、総合的な学習の時間の4領域によって編成されることとなり、高等学校は道徳を除く3領域となった。また、中・高等学校では、国際化時代を反映して、実践的なコミュニケーション能力を養成するため、外国語が必修となり、高等学校では、情報社会に主体的に対応する能力の形成を目指して、普通教育としての教科「情報化」が必修科目として新設された。さらに、中・高等学校で

は、放課後の部活動や地域のスポーツクラブ等との関連を考慮して、特別活動においてクラブ活動が廃止された。

5.「確かな学力」の向上へ

　1977年版以来の「ゆとり」路線を徹底した1998年改訂の学習指導要領は、「ゆとり教育」と呼ばれるようになる。2000年頃には、大学生の学力低下を端として、1998年版は実施前から「ゆとり教育」批判にさらされることになる。学習指導要領の本格実施直前の2002年1月には、文部科学大臣が「学びのすすめ」を発表し、「確かな学力」の向上に向けた取り組みを各学校に求めた。そして、実施後2年目の2003年12月には、学習指導要領を一部改正し、学習指導要領を最低基準であると位置づける中で発展的な学習を認めることとなった。また、OECDが実施している生徒の学習到達度調査（PISA調査）において、2003年には「読解力」が、2006年には「数学的リテラシー」が順位を下げたことから、学力低下批判に一層拍車がかかった。これらの学力低下批判を受けて、ゆとり教育見直しの議論がなされ、2008年に小・中学校の学習指導要領の第7次改訂、2009年には高等学校の学習指導要領の第8次改訂が行われた。この学習指導要領では、知識が社会・経済の発展の源泉となる

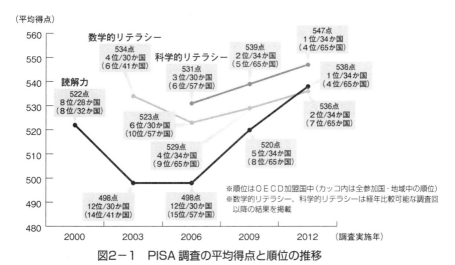

図2-1　PISA調査の平均得点と順位の推移

（出所）国立教育政策研究所HP（http://www.nier.go.jp/kokusai/pisa/pdf/pisa2012_result_point.pdf）

「知識基盤社会」において、「生きる力」を育む理念がますます重要になるとしており、引き続き「生きる力」が掲げられた。しかし、1998年版学習指導要領で重視された「ゆとり」は影を潜め、2008年版の学習指導要領では「確かな学力」の向上が強調されるようになった。そして、学力について、重要な3つの要素（①基礎的・基本的な知識・技能、②知識・技能を活用して課題を解決するために必要な思考力・判断力・表現力等、③主体的に学習に取り組む態度）が示されることとなった。特に、各教科における「言語活動の充実」を通して、思考力・判断力・表現力を育成することが求められた。小・中学校の各学年の年間授業時数が、35〜70単位時間増加し、教育内容も増加した。国語・社会・算数・数学・理科・体育・保健体育・外国語の授業時数は約1割増加し、小学校高学年には週1コマの「外国語活動」が新たに加わった。それに対して、「総合的な学習の時間」は減少した。

　2006年には、第1次安倍内閣の下、1947年の制定以来初めて教育基本法が改正された。教育基本法では、「伝統と文化を尊重し、それらをはぐくんできた我が国と郷土を愛する…態度を養うこと」が目標で規定され、各教科や道徳の教育内容に反映された。また、中学校1、2年の保健体育で男女とも武道が必修になった。2012年12月、自民党は民主党から政権を奪還し、第2次安倍内閣が成立した。安倍政権の「教育再生実行会議」が最初に取り上げたのが、いじめ問題であった。2011年、滋賀県大津市の中学校でいじめ自殺事件が起き、社会問題となっていた。2013年2月、内閣に置かれた教育再生実行会議は、「いじめ問題等への対応について」（第一次提言）を発表し、道徳教育を教科化し、指導内容を充実することを提言した。2013年6月には「いじめ防止対策推進法」が成立し、同年9月から施行され、その第15条には次のように規定されている。「学校の設置者及びその設置する学校は、児童等の豊かな情操と道徳心を培い、心の通う対人交流の能力の素地を養うことがいじめの防止に資することを踏まえて、全ての教育活動を通じた道徳教育及び体験活動等の充実を図らなければならない」。2015年3月、学習指導要領の一部改正が行われ、「道徳の時間」に代わり「特別の教科 道徳（道徳科）」が創設されることになった。小学校では2018年度から、中学校では2019年度から、検定教科書を使用した新教科「道徳科」が実施される。

表2-1 各学習指導要領の特徴

改訂年	実施年度	主な特徴
1947年	1947年度	経験主義 ・教師の手引きである「試案」として作成 ・「社会科」、「自由研究」、「家庭科」(小)の新設
1951年	1951年	1947年版と基本的に同じ ・小学校の教科を4領域に整理 ・「自由研究」を廃止して、「教科以外の活動」(小)、「特別教育活動」(中)を新設
1958年 (小学校・中学校) 1960年 (高等学校)	1961年度 (小学校) 1962年度 (中学校) 1963年度 (高等学校:学年進行)	系統主義 ・「告示」となり、法的拘束力が明確化 ・小・中学校に「道徳の時間」を新設 ・高等学校は、「一般社会」を廃止して、「倫理・社会」「政治・経済」を新設 ・「特別教育活動」とは別に、「学校行事」が教育課程に規定
1968年 (小学校) 1969年 (中学校) 1970年 (高等学校)	1971年度 (小学校) 1972年度 (中学校) 1973年度 (高等学校:学年進行)	教育の現代化 ・授業時数が「最低時数」から「標準時数」に改訂 ・算数・数学・理科を中心に、教育内容が質的にも量的にも拡大する ・「特別教育活動」と「学校行事」を統合し、小学校では「特別活動」、高等学校では「各教科以外の活動」となる ・高等学校の「各教科以外の活動」において、クラブ活動を必修にする
1977年 (小学校・中学校) 1978年 (高等学校)	1980年度 (小学校) 1981年度 (中学校) 1982年度 (高等学校:学年進行)	教育の人間化 ・授業時数を約1割削減 ・「ゆとりの時間」の新設 ・高等学校の「各教科以外の活動」を「特別活動」と改称 ・高等学校の第1学年に「現代社会」「数学Ⅰ」を必修として新設 ・高等学校で習熟度別学級編成を認める
1989年	1992年度 (小学校) 1993年度 (中学校) 1994年度 (高等学校:学年進行)	新しい学力観 ・小学校低学年に「生活科」を新設 ・高等学校の「社会科」を「地理歴史科」と「公民科」に再編し、「世界史」を必修 ・高等学校の「家庭科」を男女必修 ・中・高等学校で選択履修幅の拡大 ・中学校で習熟度別指導を認める
1998年 (小・中学校) 1999年 (高等学校)	2002年度 (小・中学校) 2003年度 (高等学校:学年進行)	「ゆとり」と「生きる力」 ・完全学校週5日制に合わせて、教育内容を約3割削減 ・「総合的な学習の時間」の新設・小学校3年生以上に「総合的な学習の時間」を新設 ・中・高等学校の「外国語」を必修、高校に必修教科「情報」を新設 ・中・高等学校の「特別活動」において、クラブ活動を廃止する(小学校のみ残す)
2003年	2003年	一部改正 ・学力低下批判のなか、学習指導要領を最低基準とし、発展的な学習を認める
2008年 (小・中学校) 2009年 (高等学校)	2011年度 (小学校) 2012年度 (中学校) 2013年度 (高等学校:学年進行)	「確かな学力」の向上へ ・改正教育基本法を踏まえた改訂 ・学力の重要な3つの要素を明確化 ・小学校高学年に「外国語活動」を新設・中学校1, 2年の「保健体育」で武道を男女必修 ・授業時数が増加するなか、「総合的な学習の時間」は減少
2015年 (小・中学校)	2018年度 (小学校) 2019年度 (中学校)	一部改正 ・道徳教育を教科化し、「道徳の時間」に代わり「特別の教科 道徳」を新設

第3節　新学習指導要領とカリキュラム・マネジメント

1.「社会に開かれた教育課程」

　2017年3月、小・中学校の学習指導要領の第8次改訂が行われた。高等学校については、2017年度中に第9次改訂が行われる予定である。小学校は2020年度から、中学校は2021年度から、高等学校は2022年度から年次進行で実施される予定である。今回の改訂に至る背景には、人口知能（AI）の飛躍的な進化による急速な社会の変化がある。小・中学校の学習指導要領総則解説編では、これからの学校教育の展望について次のように述べている。「人工知能が自ら知識を概念的に理解し、思考し始めているとも言われ、雇用の在り方や学校において獲得する知識の意味にも大きな変化をもたらすのではないかとの予測も示されている。このことは同時に、人工知能がどれだけ進化し思考できるようになったとしても、その思考の目的を与えたり、目的のよさ・正しさ・美しさを判断したりできるのは人間の最も大きな強みであるということの再認識につながっている。このような時代にあって、学校教育には、子供たちが様々な変化に積極的に向き合い、他者と協働して課題を解決していくことや、様々な情報を見極め知識の概念的な理解を実現し情報を再構成するなどして新たな価値につなげていくこと、複雑な状況変化の中で目的を再構築することができるようにすることが求められている」

　このような状況を受けて、中央教育審議会「幼稚園、小学校、中学校、高等学校及び特別支援学校の学習指導要領等の改善及び必要な方策等について（答申）」（2016年12月21日）においては、"よりよい学校教育を通じてよりよい社会を創る"という目標を学校と社会が共有し、連携・協働しながら、新しい時代に求められる資質・能力を子供たちに育む「社会に開かれた教育課程」の実現を目指し、各学校において教育課程を軸に学校教育の改善・充実の好循環を生み出す「カリキュラム・マネジメント」の実現を目指すことなどが求められた。

2．新学習指導要領とカリキュラム・マネジメント

　カリキュラム・マネジメントについては、「生徒や学校、地域の実態を適切に把握し、教育の目的や目標の実現に必要な教育の内容等を教科等横断的な視点で組み立てていくこと、教育課程の実施状況を評価してその改善を図っていくこと、教育課程の実施に必要な人的又は物的な体制を確保するとともにその改善を図っていくことなどを通して、教育課程に基づき組織的かつ計画的に各学校の教育活動の質の向上を図っていくこと」と学習指導要領総則に定義されている。各学校のカリキュラム・マネジメント上の課題がどこにあるのか、それを考える際のチェック・リストとして機能するのが、新しい学習指導要領の総則の規定になる。総則は、カリキュラム・マネジメントにあたっておさえておきたい項目で整理されている。中央教育審議会答申は、新しい学習指導要領に向けて、①「何ができるようになるか」（育成を目指す資質・能力）、②「何を学ぶか」（教科等を学ぶ意義と、教科等間・学校段階間のつながりを踏まえた教育課程の編成）、③「どのように学ぶか」（各教科等の指導計画の作成と実施、学習・指導の改善・充実）、④「子供一人

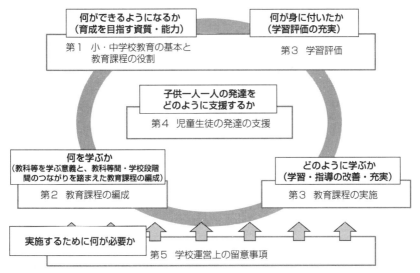

図2−2　学習指導要領総則の構造とカリキュラム・マネジメントのイメージ
(出所) 独立行政法人教職員支援機構HP (http://www.nits.go.jp/materials/intramural/010.html)

一人の発達をどのように支援するか」（子供の発達を踏まえた指導）、⑤「何が身に付いたか」（学習評価の充実）、⑥「実施するために何が必要か」（学習指導要領等の理念を実現するために必要な方策）の６点に沿って改善すべき事項をまとめた。総則では、この６点をカリキュラム・マネジメントに必要なポイントしてとらえ、その流れに沿って項目立てがなされている。児童生徒や学校、地域の実態により、各学校が抱えるカリキュラム・マネジメント上の課題は様々である。カリキュラム・マネジメントの第１歩としては、管理職や教務主任を中心としながら、各学校の教育活動や学校運営の状況を、新しい総則の項目に照らし合わせながら確認してみることが考えられる。その上で見出された課題を明確にして、学校全体で共有し、校長の方針の下に、校務分掌に基づき教職員が適切に役割を分担しつつ相互に連携しながら、改善・充実を図っていくことが効果的なカリキュラム・マネジメントの実施につながるのである。

（奥野浩之）

第４節　新学習指導要領と教科指導・教科外指導

１．各教科と教科外活動
(1)「生きる力」を育むための資質・能力

　21世紀の社会は、知識基盤社会だと言われている。技術革新はますます進み、新しい知識や技術、情報がもたらされている。この状況において、人工知能が進化していくことによって、今後人工知能が人間の職を奪うのではないかという指摘がなされるようになっている。さらに、政治や経済、文化など様々な分野において、国境をこえて多様な文化的背景を持つ人々とのつながりが緊密になってきている。例えば、日本語が話せない外国出身者が職場で上司となり、共にプロジェクトに取り組みながら仕事をこなしていかなければならないという状況が増えていくことが考えられる。また、日本の一部の地域ではすでに見られることだが、外国人住民が地域の中で増えることで、外国人住民との共生を念頭に置いたまちづくりの重要性が日本中で高まって

いくことが予想される。このような社会的変化が、人々の生活を含めた社会の様々な場面に影響を及ぼしていく中で、子どもたちには、この変化を積極的にかつ前向きに受け止めながら、新しい未来を構想し、より良い社会を実現していくことが期待されている。めまぐるしい変化の中で、より良い社会を実現していくために、学校で学ぶ各教科や特別活動、総合的な学習の時間といった教科外活動において、主体的に学びに取り組み自らの知識を深めていくことができ、他者の多様な考えを受け止めながら協働し、試行錯誤しながらも問題に取り組む中で新しい価値を創造していくことができる「生きる力」を育むことが求められているのである。

　2017年改定の新学習指導要領においてその「生きる力」を育むために必要な資質・能力に関する3つの柱が取り上げられている。1つ目の柱として、「何を理解しているのか、何ができるのか」という、生きて働く「知識・技能」が挙げられる。これは、各教科等で習得する知識や技能を指しているが、個別の知識や技能のみを示しているのではない。知識に関して言えば、知識相互が関連付けられながら習得されていくことが肝要である。新しい知識を習得しながら、既に獲得した知識と関連付ける精緻化を通して、学習内容をより深く理解し、社会の中で活用できるようにしていくことが求められている。また、技能に関しても、様々な状況や課題に活用できるように、技能の関連付けによる習熟が重視されている。2つ目の柱として、「理解していること・できることをどう使うか」という、多様な状況において対応できる「思考力・判断力・表現力等」が挙げられる。様々な情報を組み合わせながら問題を解決し、これからの社会に必要とされるような新しい価値を創造する力を示す思考力、問題解決の方向性や方法を選択し、そのために必要な情報を取得し結論を決定する判断力、伝える相手や場面・状況に応じて考えを適切に伝えるための表現力が、劇的な社会的変化が進み、将来の予測が困難な状況においてより良い社会を築いていく上で必要とされる。3つ目の柱として、「どのように社会・世界と関わり、よりよい人生を送るか」という、学びを自らの人生や社会に生かそうとする「学びに向かう力・人間性等」が挙げられる。学びに積極的に向かう力や客観的にものごとを捉えるメタ認知に関する力、さらに多様性を尊重する態度や他者と協働する力といった人間性等に関する

態度や力が含まれており、「知識・態度」と「思考力・判断力・表現力等」をどのように働かせていくかを方向付ける要素として重視されている。

(2)「主体的・対話的で深い学び」の実現に向けて

　新学習指導要領の重要ポイントの1つとして考えられているのは、「主体的・対話的で深い学び」の実現である。では、それがどのような学びを指すのか、具体例を踏まえながら見ていきたい。

　まず「主体的な学び」とは、学ぶことに対して興味関心を持って、自らの学びの見通しを持って取り組み、学習活動を振り返りながら、次の学習につなげることを指す。さらに、自らの学習と今後社会でどのように活躍していくかというキャリア形成の方向付けとを関連させながら、学習活動を展開していくことも含まれる。「主体的な学び」の具体例を挙げると、例えば、国語の授業においては、教師が一方的に答えを提示するのではなく、児童生徒が物語の主人公の気持ちを推測しながら読解する活動が含まれる。また、体育の授業で練習メニューを児童生徒が考えたり、家庭科の調理実習でオリジナルレシピを考えて、そのレシピに従って調理を行うという学びも「主体的な学び」である。

　次に、「対話的な学び」とは、児童生徒同士の対話だけでなく、教員や地域の人々との対話を通して、意見交換や議論を展開していくことで一人では気付くことができなかった新しい考え方に出会い、自らの考えを広げ深めていく学びを指す。「対話的な学び」を通して、様々な考えに出会うことで、ものごとをより客観的に捉えていくことができるようになると期待される。「対話的な学び」の具体例として、国語や総合的な学習の時間における討論会が思いつくであろう。他にも、算数・数学の時間において問題の解き方を教え合ったり、英語の時間においてペアやグループで自己紹介を行ったりすることが挙げられる。

　最後に、「深い学び」とは、各教科で身に付けたものの見方や考え方を用いながら学んだ知識の関連付けを通して深く理解したり、問題を見い出して解決策を考えるという探究活動に取り組んだりする学びを指す。「深い学び」の具体例として、国語の授業で書く感想文や社会の授業で作成するレポート

をペアやグループで読み合い、感想文やレポートを改善するために内容を共に練り上げていくという活動や各教科の時間に新しい学習内容と既有知識とを関連付けながら説明する活動が挙げられる。

(3) 情報機器の活用

　各教科や教科外活動において、情報機器を活用し、児童生徒にとってより学びやすい学習環境を調整していくことが求められている。では、各教科や教科外活動においてどのように情報機器を活用するべきなのであろうか。

　例えば、教材等をプレゼンテーションソフトや提示装置を用いて効果的に提示し、児童生徒の興味関心を高めたり、課題を明確に理解させたり、課題解決の手掛かりを与えたりすることで、学習に積極的に取り組むように促していくことが求められる。視覚イメージ情報を含む様々な情報を示すことによって学習内容が理解しやすくなり、知識の定着にも有効であると考えられる。さらに、児童生徒が情報機器を用いて情報を主体的な学びに活用したり、情報モラルを獲得したりしていくことも重要視されている。児童生徒に情報機器を用いて学習させることによって、取り組んでいる学びに必要な情報収集能力を高めることが期待される。また、自らの考えを他者に分かりやすく説明する力が肝要とされる中で、各教科や教科外活動において、ワープロソフトで自らの考えを文章にまとめたり、学習結果を表計算ソフトで表やグラフ等にまとめたり、プレゼンテーションソフトで伝えたいことを説明したりすることで、他者に考えを伝える能力を高める学習が求められる。そして、児童生徒が情報社会に参画していく中で、情報活用に対するルールやマナー、情報セキュリティに関する知識を身に付けることができるように指導することも重要である。

(4) 教育評価

　教師の重要な仕事の1つに、児童生徒の学習状況を評価することが挙げられる。学習評価は、児童生徒がどれだけ理解が深まり、どのような力が身に付いたのかという学習成果を把握することであり、教師にとっては指導の改善に活かすことができ、児童生徒にとっては自らの学びを振り返りながら次

の学びに向かうための材料となる。

　学習指導要領に示されている、すべての児童生徒に確実に到達してほしい姿を示したものを到達目標と言うが、各教科において、到達目標に照らして設定した観点ごとに、学習の進み具合や身に付いた能力、到達レベルを判断し、学習の成果を評価する目標準拠評価が重視される。目標準拠評価によって児童生徒が達成すべき目標をより具体的に設定することが可能となり、児童生徒一人ひとりに対する指導を充実させ、学習内容の確実な定着を図ることが期待される。

　次に、評価するタイミングによって、評価を３つに分けることができる。まず、学習が始まる前の段階でどれくらいの学力が身に付いているかを明らかにすることを目的とした診断的評価が挙げられる。この診断的評価は、学力別で実施される授業を行う上でのクラス分けのために行われる。次に、ある期間の最後にどれだけ能力が身に付いたか、到達レベルに達しているかを判断する総括的評価が挙げられる。学期末に通知表が作成されるが、総括的評価の代表例である。最後に、学習が行われている途中の段階（例えば、単元ごと）に行われる評価が形成的評価である。中間テストや期末テストは出題範囲が広いため、児童生徒がどこでつまずいたのか把握するのは難しい。その一方で、単元ごとにどの程度達成できたのかを判断する形成的評価を行えば、児童生徒が具体的にどこが苦手であるのかを明らかにすることができ、今後の指導に活用できる。きめの細かい指導を行うために、各教科で形成的評価を積極的に行うことが重要である。

　そして、児童生徒の学びを捉えていく上で、様々な評価方法が開発されている。例えば、どこまで学力が身に付いたのかのレベルを示す数段階の評定（評価の基準）と、それぞれのレベルに対応するパフォーマンスの特徴を示す項目（評価の規準）を組み合わせた多元的評価としてのルーブリック評価が挙げられる。達成水準が明確になることで、獲得した知識や技術を応用・活用する力を評価する上で活用できる。例えば、レポートやスピーチ、プレゼンテーション、実験等の実演を評価する上で用いられ、各教科だけでなく、教科外活動の評価を行う上でも有効であると考えられる。また、学習活動の成果が示された様々な資料や課題、記録をファイルにまとめ、児童生徒の学

びの過程や成長を把握するポートフォリオ評価が挙げられ、児童生徒自身が学習成果をファイルにまとめるため、自己評価力を高めることも期待されている。

(5) 特別活動

　特別活動は、学級・ホームルーム活動、児童会・生徒会活動、クラブ活動、学校行事から構成されている。構成員の異なる集団でそれぞれの活動を経験することによって、児童生徒が学校生活を送るための、さらに、社会で生きていくための力を育むことが目指される。

　学級・ホームルーム活動においては、自治的能力の育成が重視される。自発的・自治的な集団活動への参画を促していくために、集団としての課題の選定や話し合い、合意形成といった実践が重要であり、児童生徒一人ひとりの主体的な関わりが肝要となってくる。さらに、将来の自己実現に関わる内容を扱うキャリア教育の実施が重視され、それぞれに応じた学習指導や進路相談等との関連を図っていくことによって、児童生徒一人ひとりが自らの将来に関する主体的な意思決定ができるように指導していくことが求められている。また、児童会・生徒会活動やクラブ活動、学校行事においては、その構成員が主体的な話し合いを行ったり、それぞれの役割や責任を果たしたりすることによって、自己肯定感や自治的能力、社会参画への意思を育んでいくことが求められる。

　次に、「主体的・対話的で深い学び」を実現する観点から特別活動を見ていきたい。「主体的な学び」の観点からは、より良い集団生活のために何に取り組むことが必要かを考える機会を設けることによって取り組むべき課題の発見を促すことが重要とされる。「対話的な学び」の観点からは、多様な他者の意見に耳を傾けることで、自分の考えを広げたり、ものごとを多角的に捉えることが可能となるため、集団生活が基本となる特別活動において、話し合いにおける対話の機会が重視される。「深い学び」の観点からは、各教科の学習において獲得されたものの見方や考え方を活用しながら、特別活動の実践に取り組んでいくように指導していくことが求められる。

(6)総合的な学習の時間

　総合的な学習の時間は、学校や地域、児童生徒の実態に応じた、**教科横断的・総合的な学習であり、探究的かつ協働的な学習とすることが求められる**。つまり、各教科で獲得した知識や技能を関連付け、児童生徒一人ひとりの学習や生活に活かしていくこと、他者と協働する中で多様な考えや意見と出会い、それらの観点から社会に関する課題を多角的に捉えたり、自分の人生や将来について内省的に考えたりすることが、総合的な学習の時間における学びに求められているのである。

　小中学校の総合的な学習の時間においては、各教科の学習で獲得した知識や技能、ものの見方や考え方を総合的に働かせて、問いを見い出し探究する力を育成することが目指される。高等学校においては、各教科で身に付けた知識や技術、ものの見方や考え方を総合的に働かせるだけでなく、さらに自己のキャリア形成の方向性と関連付けながら、課題探求する力を育んでいくことが目指される。学習課題の例としては、国際理解や情報、環境、福祉・健康、地域・伝統といった教科横断的な課題が挙げられ、それらの課題を総合的な学習の時間だけで扱うのではなく、各教科の学習と関連付けていくことが重視される。

　総合的な学習の時間でどのように「主体的・対話的で深い学び」を実現していけばいいのであろうか。「主体的な学び」の観点からは、課題設定と振り返りが重要とされる。課題設定において、児童生徒に身近な問題を取り上げ、自分事として課題を設定することで主体的な学びが進むと考えられる。また、学びを意味付けたり、学びに向かう力を育んだりする上で、言語を使ってまとめたり表現したりする振り返りの学習活動が必要とされる。「対話的な学び」の観点からは、他者と協働して課題解決や探究活動に取り組むことが求められる。そのような取り組みを通して、多様な情報やものの捉え方に触れることで、思考の拡大・深化につなげながら、新たな知を創造する学習環境を構築していくことが肝要とされる。「深い学び」の観点からは、探究のプロセスが重視される。児童生徒に身近な学習課題を探究的に学ぶ中で、各教科で獲得した知識や技能、ものの見方や考え方を総合的に働かせることで、それらが関連付けられ、社会や生活における様々な場面で活用されるも

のとなるように指導していく必要がある。

（沼田　潤）

2.「特別の教科　道徳」

　小中学校で行われている「道徳」の授業は、1953年の学習指導要領改訂から「道徳の時間」として始まった。そして、2015年に一部改訂が行われ、「特別の教科　道徳（道徳科）」として、「教科化」が行われた。このような経過の社会的背景については、前述のとおりである。本節では、「道徳」の目標や内容、授業の形態や方法を歴史的に概観することを通して、道徳教育のあり方について考察する。

　1958年に「道徳の時間」が特設される以前、道徳教育は「社会科を中心として全教育活動で取り組む」とされていた。経験主義的な授業が実践される中、「公民教育」と関連付けて道徳教育が行われることも多かった。しかし「学力低下」が問題とされ、「教科の系統性」が重視されるようになると、教科の授業の中に道徳的な内容を取り入れることに対する批判が強まった。一方、「道徳の時間」が特設されると。戦前の「修身」と重ね合わせ、特定の倫理観や価値観を強制するものにつながるという懸念を持つ考え方もあり大きな議論となった。『学習指導要領』では、道徳教育は、「本来、学校の教育活動全体を通じて行うことを基本」して、「補充し、深化し、統合」するためと位置付けられた。

　この時の論点を整理すると、以下のようになる。
①公権力が国民の良心に関わる道徳教育にどこまでかかわるかという問題。
②道徳教育は「教育活動全体」「特定の教科・科目」のどちらかで行うかという問題。

　これらの論点については、現在でも議論となっている。その後、2015年『学習指導要領』の一部改訂による「教科化」までは、小中学校では週1時間の「道徳」の授業が行われるとともに、教育活動全体を通して道徳教育が行われてきた。この間の学習指導要領の改訂では、道徳に関しては大きな修正や追加はなく、道徳教育の目標については以下のようになっている。（1998年改訂のもの）

> 第3章　道　徳
> 第1　目標
> 　道徳教育の目標は，第1章総則の第1の2に示すところにより，学校の教育活動全体を通じて，道徳的な心情，判断力，実践意欲と態度などの道徳性を養うこととする。道徳の時間においては，以上の道徳教育の目標に基づき，各教科，特別活動及び総合的な学習の時間における道徳教育と密接な関連を図りながら，計画的，発展的な指導によってこれを補充，深化，統合し，道徳的価値及び人間としての生き方についての自覚を深め，道徳的実践力を育成するものとする。

　ここに示されたように、道徳教育の目標は、「道徳的価値」「人間としての生き方」を自覚すること、「道徳的実践力」を育成することとなっている。この前に示された第1章総則　第1の2では、「人間尊重の精神と生命に対する畏敬の念を家庭，学校，その他社会における具体的な生活の中に生かし，豊かな心をもち，個性豊かな文化の創造と民主的な社会及び国家の発展に努め，進んで平和的な国際社会に貢献し未来を拓く主体性のある日本人を育成するため，その基盤としての道徳性を養うことを目標とする。」としている。
　そして、その内容として、次の4つの視点に分けた23項目を示している。
　1　主として自分自身に関すること。（5項目）
　2　主として他の人とのかかわりに関すること。（5項目）
　3　主として自然や崇高なものとのかかわりに関すること。（3項目）
　4　主として集団や社会とのかかわりに関すること。（10項目）
　これらは、「望ましい生活習慣を身に付け，心身の健康の増進を図り，節度を守り節制に心掛け調和のある生活をする。」というような「道徳的価値」をあらわしている。「道徳の時間」では、これらの項目を取り上げ、生徒が自覚できるよう指導することが求められた。
　授業の場面では、「読み物」が資料（教材）として使用されることが多く、登場人物の心情や場面ごとのその変化について、読み取り、話し合うという形が出来上がった。これは、1960年代に文部省（当時）が『道徳指導資料』

を編集し、教師用として各学校に配布したこと、教科書会社が「副読本」を発行したことにより、一層広まっていった。

　このころ、道徳教育に関連して大きな議論を起こしたのが、「期待される人間像」である。1966年10月中教審答申別記として発表された内容には、戦前の教育への反省から学校教育、特に道徳教育において関わることを避けてきた、「宗教的情操」「愛国心」などが大きく取り上げられ、日本人が持つべき「価値観」や「倫理観」が議論された。さらに、1986年臨時教育審議会第2次答申では「徳育の充実」として、「基本的な生活習慣」「社会規範」などを初等教育で重視することを提言した。そしてこれらの影響により、学習指導要領の改訂の際に、先に挙げた道徳の内容項目が修正、追加されることになった。

　特設された当初は、厳しい反対意見もあった「道徳の時間」であったが、1960年代後半になると、ほとんどの学校で時間割の中で位置づけられるようになっていた。しかし、その内容は決して十分なものとは言えない状況にあった。中でも一番大きな問題とされたのが、他の授業へ振替や、学校行事・学級活動などの補充として使われたことである。「道徳の時間」は「評価」がなく、進路・進学に関係が薄いため「教科」に比べると軽く考えてしまうことになる。また、道徳では生徒個人が負担する「副読本」を利用する。1時間で扱う「読み物」が掲載されているので、手頃なものを選んで、「読ませて感想を書かせる」という授業が行われていたことも問題とされた。

　このような状況を改善するため、2002年から文部科学省は『心のノート』作成し、小中学生全員に配布した。これは、文章だけでなく、イラストや写真などが多く用いられ、「道徳的価値」に気づくことができるような構成になっている。また、ワークシート的に自分の意見や感想を記入できる部分もある。配布の際に出された教育委員会などへの指示、「『心のノート』の活用に当たって」には、「『心のノート』のみを使用して授業を展開するということではなく」とし、あくまで「理解を助けることができる冊子」であるとされた。

　この冊子に対する意見としては、授業の内容を補充・進化することができてとして有効とするものや、児童生徒の記録が残り、家庭や保護者との連携

が深まるなど、肯定的な意見がある一方、「感じる」ことを重視した「心理主義的」や国家による「統制」という批判もみられた。

　この後、2008年の学習指導要領の改訂では、「道徳の時間」が道徳教育の「要」として位置づけ、各学校で「道徳教育推進教師」が中心なって、道徳の時間の年間指導計画を作成することが求められた。この教員は教材や研修の整備・充実、家庭地域との連携などたくさんの役割を求められることになった。そして、前述のように「いじめ」が社会で大きな問題となることをきっかけに、「特別の教科　道徳」が誕生した。この間の経緯を整理すると、以下のようになる。

　教育再生実行会議は2013年2月に、さらに「道徳教育の充実に関する懇談会」は同年12月に、「道徳教育の教科化」を提言した。その後、中央教育審議会は2014年10月「道徳に係る教育課程の改善等について」を答申し、これを受け2015年3月学習指導要領が一部改訂され、「特別な教科　道徳」が小学校では2018年度から、中学校では2019年度から完全実施されることが決定した。このように異例ともいえるスピードで改訂が進んだ。背景に「いじめ」の問題があり、早急に対応することが求められているとはいえ、急激な変化に対応を求められた現場は混乱することもあった。

　先の報告などや『学習指導要領』では、これまでの問題点として、「道徳教育を忌避する風潮がある」「道徳教育の理念が共有されていない」「教員の指導力が不十分である」「ほかの教科などに比べて軽んじられている」などがあげあれている。また、わかりにくい目標や、特別活動などとのとのあいまいな区分など指導要領の内容だけでなく、不十分な指導、評価など授業場面での問題についても議論が行われた。「いじめ」に対して有効な対応を授業としてできなかったことも大きな反省となった。

　改訂の主な内容は、まず「道徳教育」と「特別な教科　道徳」の「目標」が「よりよく生きるための道徳性を養う」という同一の文言にされたこと、これまで「道徳的実践力」としていた部分を「道徳的な判断力、心情、実践意欲と態度」という具体的なものにしたことがあげられる。また、内容をより体系的に整理し、小中学校を通した連続性を持たせている。検定教科書の導入も決まっており「教科」としての要件がそろえられた。これらをもとに

して、授業では「してはならないこと」を指導するとともに、道徳的な価値を自分のこととして考えるために「考え、議論する道徳」へ転換することが求められ、問題解決的な学習や体験的な学習が取り入れられている。

　教科として位置づけられることで大きな関心がもたれたのが、「評価」についてである。文部科学省は早い時期から、「数値」や「他の児童生徒との比較」「入試で利用」などについては強く否定してきた。また、「観点別」や「分析的」に評価することは妥当でないとしている。しかし、「学習状況や道徳性に係る成長の様子を継続的に把握し，指導に生かすよう努める必要がある」として、「いかに成長したかを積極的に受け止めて認め，励ます個人内評価として記述式で行う」としている。これに合わせた「指導要録(参考様式)」も公表されている。授業評価も併せて「学習過程」や「記録」が重視されている。

　このように、「特別の教科　道徳」は、「いじめ」など現代社会の問題や、道徳教育が抱える固有の問題に対する1つの方策として設置されたものである。その有効性を冷静に検討すること必要であり、現場での実践が求められている。

（田中曜次）

参考文献等

井上智義・岡本真彦・北神慎司著『教育の方法─心理学をいかした指導のポイント』樹村房　2007年
柴田義松編著『教育課程論 第二版』学文社　2008年
伊藤一雄・山本芳孝・池上徹編著『教職基礎論』サンライズ出版　2009年
田中耕治編『よくわかる教育課程』ミネルヴァ書房　2009年
大津尚志・伊藤一雄ほか編『教育課程論のフロンティア』晃洋書房　2010年
田中耕治ほか著『新しい時代の教育課程〔第3版〕』有斐閣　2011年
高浦勝義著『指導要録のあゆみと教育評価』黎明書房　2011年
森山賢一編著『教育課程編成論』学文社　2013年
広岡義之編著『はじめて学ぶ教育課程』ミネルヴァ書房　2016年
古川治ほか編著『教職をめざす人のための教育課程論』北大路書房　2015年
山田雅彦編『教師のための教育学シリーズ6　教育課程論』学文社　2016年

第3章　教員の職務と校務分掌

第1節　学習指導と校務

　学校では教員は学習指導・教科指導である授業以外に、多くの職務をこなさねばならない。学習指導要領では、中学校の教育課程は教科、道徳、特別活動、総合的な学習の時間の4編成であり、高校の場合は道徳がなく3編成である。これらの教育課程に関するすべての職務を校務という。生徒の視点から教員の仕事を見れば、まず学習・教科指導があげられるであろう。これは教員の校務の中で最大のウェイトを持つ仕事である。これに加えて学級担任があげられる。さらに特別活動の一環として部活動などの顧問がある。
　しかし、これ以外にも多くの校務がある。本章ではどの教員にとっても共通に担当する学習・教科指導と校務分掌、学級経営（学級担任）及び生徒指導、進路指導、教育相談について解説する。ただし、学習・教科指導については教科・科目の種類も多く、指導法もそれぞれ特徴があるので、本章では学習指導案の作成のポイント及び学習指導のさいの要件など基本的な事項についてのみ説明する。

1．学習指導

　教員の仕事の中心となるのが学習・教科指導であり「教員は授業で勝負する」とも言われる。各教科に応じて育成すべき資質・能力・技能、いわゆる「学力」をそれぞれの授業を通して育成するのが教員の重要な職務である。
　「学ぶ」ことは社会的存在としての人間の成長にとって不可欠なものであり、本来、生徒たちに喜びをもたらすはずである。しかし、先の見えにくい社会

となっている今日では、中学校・高等学校へと進むにつれ生徒にとって学ぶことの意味が見いだせず、勉強は苦痛となり、避けたいものとなりがちである。受験という目標をひとたび見失えば、学習意欲は低下して、学力不振に拍車をかけていく。中高生にとって学習が喜びをもたらすというのはどのような時であろうか。その学習が生徒にとって、未知の世界を広げてくれたり、既知の世界に新しい光を投げかけたりするとき、そして学ぶことの意味や意義を見いだせた時にはじめて可能になるのではないか。そのような学ぶ喜びのある「魅力ある授業」を創るためには日頃から研究と修養が不可欠となる。そして、常に自身の授業実践を振り返り、省察を加え、授業改善を行うこと、いわゆる「学び続ける」ことが教員の本務であると考える。

　なお、生徒は、時としてちょっとしたつまずきから、学習意欲を失うことがある。そのつまずきにさかのぼり、適切な指導を与えると、その後は自力で学習をすすめていくことも可能だということを、教師をめざす諸君には知っておいて欲しい。しかし、中学生、高校生は青年期特有の人格、自尊心をもっているので、教師側からの一方的な指導には問題があることにも留意し、個々の生徒理解に立った上での指導が必要となる。

　以上のことをふまえた上で、学習指導を行う上で重要となる学習指導案作成のポイント及び指導効果を規制する諸条件について簡単に述べておくことにする。

(1)学習指導案作成のポイント

　学習指導案は、授業の設計図あるいはシナリオ。そして、授業そのものの質を高め、授業の方向を確かなものとするために必要なものであり、授業の中心となる生徒の確かな学びを保障するためのものである。学習指導案を作成することによって、教材理解・解釈の深化や指導方法の吟味・工夫の進化がはかられ、また同時に、生徒の実態を確認することにもなり、生徒の課題を再認識することができることになるのである。

【指導案作成のポイント】
　① 　教科の目的の把握・単元を通しての目標の設定・単元内容の把握・単

元の学習指導計画・本時の学習指導案を客観的に位置づけ、価値づけるためにはしっかりと学習指導要領解説を読み込み、確認すること。そのうえでプランニングをおこなうことが必要である。

② 本時の目標（ねらい）の設定："ゴール"を明確にすることが重要。ゴールからさかのぼって設計することも必要。「発想の逆転が必要」
③ 学習内容の設定：本時の目標を達成するための内容構成を考える。"Why"を中心に考えると良い。時に"How"
④ 授業方法・授業形態を考える　この際、各段階での教具や資料などを準備する。
⑤ 主発問・補助発問などを検討・確認する。
⑥ 評価項目　その観点や評価方法を確認する。
⑦ 板書計画の確認を行う。

【指導案の作成】
　　　　　　　　　　○○科（○○○）学習指導案
　　　　　　　　　　　　　　　　　　　　　　指導者　○○○○
1　指導日時　　○年○月○日○曜日　　第○校時（○：○○～○：○○）
2　学年　組　　　　第○学年○組（計○○人）
3　場所　　　　　　第○学年○組　教室（○校舎○F）
4　単元（教材）名　「○○○○○○○○○○○○○」
5　単元（教材）の目標
　　○
　　○

| ○単元を通してつけたい力を具体的かつ簡潔に記す。 |
| ○文章で表記する。 |

6　単元の評価規準

| ○国立教育政策研究所教育課程研究センター「評価規準の作成、評価方法の工夫改善のための参考資料」を参照 |
| ○「関心・意欲・態度」、「思考・判断・表現」、「技能」、「知識・理解」の4観点：評価の観点ごとに表で記す。 |

7　単元（教材）について【教材観】
　　この単元は… ── 教材研究の成果が表れる。ここが語れないと、「魅力ある授業」はつくれない。

8　児童・生徒について　【児童・生徒観】
　　　○小学校は「児童」，中学校・高等学校は「生徒」と示す。各学年の発達段階を踏まえ，学級の児童・生徒を具体的に想定して書く。
　　　○教科の時間の様子（成果や課題）を書く。

9　指導について【指導観】
　　　○「単元」をこの学習者にどのように指導すれば効果的かを考え記し，途中から本時の指導について示す。
　　本時においては、……

10　指導計画（全〇〇時間）
　　・可能であれば表で示す。
　　・時間数は例。
　　1）〇〇〇〇〇〇　…2時間
　　2）〇〇〇〇〇　…3時間（本時2／3時間）※本時は3時間中の2時間目
　　3）〇〇〇〇〇〇〇〇　…3時間
　　4）〇〇〇〇　…2時間

11　本時の学習
　　・本時につけたい力を書く。明確なゴール。
　　・文章で表記する。（　～できる。など）
　1）本時の目標
　　　○・・・について考察し、自身の考えについて表現できるようになる。
　2）本時の評価　　観点は1つでもよい。

観点	具体的な評価規準（B規準）	十分満足できる（A規準）	生徒への手だて努力を要する生徒への対応
思考・判断・表現	〇〇について考察し表現できる。	〇〇について・・をした上で考察し表現できる。	〇△を確認させ、××を説明する（具体的に記す）
知識・理解	〇〇について理解している。	〇〇の理解に加え・・。	〇〇を説明し、理解を図る。

3）本時の展開

　　　　　　　　　　　　　　　学習者（生徒）の活動
　　　　　　　　　　　　　　　（～について考察する。～について理解する。
　　　　　　　　　　　　　　　～について説明する。など）

段階	学習内容	学習活動	指導上の留意点	評価・備考
導入 （○分）		「学習活動」ではなく「学習内容」	・期待する反応が得られない場合の指導や支援も書く。	
展開Ⅰ （○分）		本日の目標：○○○○ 主発問：なぜ・・・・？など		資料：○○ 図版：○○ など
展開Ⅱ （○分）		・【評価の観点】「B基準」（方法）を書く。（記述は例）		【思考・判断・表現】○○について考察し表現できる。（ノート及び発表）
まとめ （○分）			まとめ：目標（ゴール）に到達！！ 本日の授業についてワークシートに・・・ まとめる。整理する。など ～できる。～わかる。など	

4）板書計画

　　　　　　　　　　　　　本時の板書の完成形を示す。

```
めあて：○○について・・・。
　1　・・・　　　　　　　3　・・
　2　・・・
　　1）×××　　　　　　4　・・・
　　2）□□□
　　　　　　　　　　　　まとめ：ワークシートに・・・
```

5）本時の使用教材と資料
　　・教科書：「○○○○○○」　　○○出版社
　　・資料集：「○○○○○○○○○○」　　○○○○出版社
　　・読み物資料やワークシートを使用する際は出典とともに書く

(2) **学習指導の効果を規制する諸条件**
① 　達成感・満足感
　　学習活動は、生徒の達成感・満足感をともなわなければ、その機能が低下するものである。生徒が学習の達成度に誇りを感じたり、周囲からほめられたり、知的好奇心を満足させたりすることによって、指導効果は大きく促進されるであろう。そこで生徒の優れている点を率直に称賛するとか、時には学習のステップを細分化し、それぞれの段階において達成感・満足感を味わうことのできるように工夫すべきである。
② 　信頼感
　　先生が知識、経験、技術ともに豊富であり、しかも熱心に指導してくれるという信頼感を生徒がもった場合、生徒は学習に注意を集中するという積極的な姿勢を示し、結果的には、より高い指導効果を期待しうるのである。そこで、指導に関する専門的な知識や技術の向上に努力するとともに、服装、言葉づかい、態度など、生徒に多大の心理的影響を与える諸条件について、十分配慮する必要がある。
③ 　個別指導
　　個々の生徒の経験、知識、発達などを無視した画一的な学習指導過程からは、高い学習効果は生まれてこない。生徒の学習履歴や学級生徒の実態に関して、みずから研究することが必要である。

(3) **話しかたの要領**
① 　声量の調節と速度
　　教室の広狭、生徒数、音響効果などから判断して、声量を調節することが必要である。また、生徒が理解しうる速度で話すべきである。なお、この速度は、生徒の理解度とか、教科の種類や内容に応じて決定されなけれ

ばならない。
② 間の利用
　生徒が頭のなかで整理し、理解するのに必要な時間間隔をつねに「間」として考慮しておかなければならない。
③ 発音と表現
　はっきりと発音し、語尾などは特にはっきりと表現しなければならない。なお、生徒の知らない用語、名称、外来語そして難しい漢字などは必ず板書することが必要である。板書計画を立てる際には、各教科の内容について表記する漢字の書き順も確かめておきたい。
④ 生徒に向かって話すこと
　板書しながらの説明はさける。また、下を向いて話すのではなく、生徒の顔を見て話すようこころがける。

2．校務分掌

　学校は、校長・副校長・主幹教諭・教諭・養護教諭・学校事務職員・学校栄養職員・給食調理員・実習指導員・学校用務員・校医・薬剤師など様々な職種の人々が構成する組織体である。学校の教育目標を実現するために、全教職員が個々の専門性を生かしながら一体となり教育実践を進めていくことが必要である。そして教育目標実現のために学校運営が効果的かつ円滑に推進できる機能・組織が必要である。その組織が校務分掌である。校務分掌は学校の内部組織なので、それぞれの校種や学校の状況に応じて組織されることが基本である。例えば、教務、生徒指導、保健指導、生徒会指導、進路指導総務・環境管理、給食指導、学習指導、教育研究、ＰＴＡなどがある。名称は各学校により異なるが、仕事の内容は共通するものが多い。校務分掌は学校経営を進める上で大切なものである。したがって、それぞれ分担している仕事の内容・目的・手順などについて十分に理解しておく必要がある。

第3章 教員の職務と校務分掌 —— 57

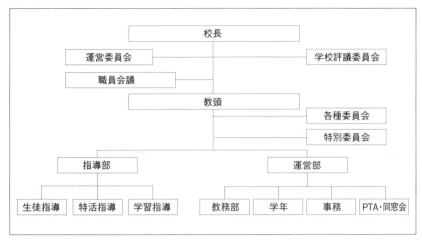

図3-1　中学校運営組織図例

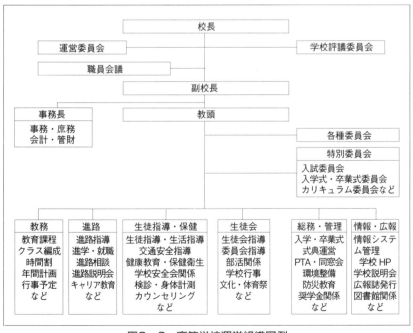

図3-2　高等学校運営組織図例

(1) 分掌の仕事内容

中学校・高等学校での分掌組織図の例を記した。ここでは図3-2の高等学校を例に主な分掌・委員会について解説を加えていくことにしよう。なお、分掌のリーダーとしては主幹教諭あるいは主任が置かれ、そのもとで教員は分掌内において複数の係を勤めている。

① 教務部

仕事としては教務係、時間割係、庶務係、研修・実習係などが置かれる。教務係は入試・転編入事務、クラス編成案の作成、カリキュラム編成案の作成、定期試験(追認試験)・補講の計画と実施、進級・卒業会議運営、教務関係資料の作成と保管、教科書・副読本採択事務などの仕事がある。時間割係は時間割編成、時間割変更、授業時数管理、始業・終業チャイムの管理、考査時間割作成と監督割り当てなどの仕事がある。庶務係は学籍書類(要録、出席簿、成績一覧など)の保管・教具の整備、学校(教務)日誌の記録などの仕事がある。研修・実習係は校内研修の企画運営と教育実習生の受け入れなどの仕事がある。

② 進路指導部

係としては進学指導係、就職指導係、進路行事計画・渉外係がある。進学指導係は進学相談、進学資料の調査と研究、進学志望の調査と指導、指定校推薦など推薦関係資料作成、調査書の保管、卒業生の進路指導などの仕事がある。就職指導係は就職先の調査と開拓、就職の斡旋、面接などの就職試験の指導、就職の志望調査、調査書など資料の整備と保管などの仕事がある。進路行事計画。渉外係は進路関係行事の計画と実施、大学説明会・就職関係説明会への参加、大学や企業からの来訪の応対などの仕事がある。学外では各校の教員で構成する組織に参加し大学の入学試験や就職試験などの情報交換や要望のとりまとめ仕事がある。

③ 生徒指導・保健部

生徒指導と保健はそれぞれ別々の組織となっている学校も多いが、ここではあわせて説明する。生徒指導では、生徒指導係、庶務・渉外係がある。生徒指導係は生徒指導(校則・遅刻、生活や問題行動その他の指導)、自転車登下校指導などの仕事がある。庶務・渉外係は拾得物管理や長期休暇

などでの生活に対する指導案の作成、校則の検討などや生徒写真の運用と管理などの仕事がある。また、各校の教員で構成する学外での組織（生徒指導会議や警察との連携協議会など）に参加し、事例報告などを通して検討・研究する仕事がある。

　保健については保健安全係と相談係がある。保健安全係は養護教諭を中心として健康診断などの学校保健業務、保健安全教育の計画と実施、救急の病気・怪我の対応、傷害に対するスポーツ振興センターへの対応・手続き、保健委員会（生徒）の指導、特別支援教育などの仕事がある。相談係はカウンセラーと連携し、生徒や保護者の心の悩みの相談を受ける仕事がある。なお、相談に関しては実際には養護教諭が対応することが多くなっている。

④　生徒会指導部

　生徒会指導係、部活指導係、ロングホームルーム（LHR）計画係がある。生徒会指導係は体育祭・文化祭行事・球技大会など生徒会行事計画・実施及び各行事の委員会指導、生徒委員会（クラス代表・代議員）及び生徒総会などの指導、生徒会予算、物品購入管理、生徒手帳の改訂などの仕事がある。部活動指導係は部活・クラブ代表の委員会の指導、運動部・文化部それぞれの指導や調整の仕事がある。LHR計画係は他の分掌や各学年と調整しLHRの計画・実施に関する仕事などがある。

⑤　総務・管理部

　総務係、管理係、渉外係の仕事に分かれ、総務係は全学的な行事・会議などの調整、教職員の福利厚生などの仕事があり、なかでも行事担当は他分掌と調整を行い年間行事計画のとりまとめの仕事や儀式行事や学校集会の企画進行（司会）などを行っている。また、広報・規程集・諸資料・学校要覧・入学の手引などの作成保管、職員会議資料・会議録の保管などの仕事も含まれる。

　管理係は校内の環境美化・整備を担当し清掃指導、美化委員会（生徒）の指導、校地・校舎備品の管理、修繕、補充などの仕事がある。また、防災安全計画の立案、防災安全教育の推進などの仕事も担うことが多い。

　渉外係はPTA、同窓会、中学校、関係諸機関との連絡などの仕事がある。

なかでもPTAに関しては年度を通してさまざまな活動をしており、担当者はPTA会長や役員とともにPTA行事や活動に大きくかかわるとともにPTA活動の活性化に取り組むこととなる。

⑥ 情報・広報部

情報係、広報係、図書係がある。情報係の仕事としては、備品としてのコンピュータの一括管理と運用、学校ホームページの管理運用、ソフトの購入管理、成績処理などに関する作業や環境整備、視聴覚機器の購入と整備および管理などがある。

広報係は情報発信を主な仕事としており、学校ホームページ使ってのさまざまな学校情報の発信、学校案内や学校紹介などの会誌の発行、学校説明会の計画・実施などを担当する。

図書係は図書司書や司書教諭と連携し、図書館の運営（読書指導・利用指導）、図書委員会の指導、図書の貸し出しと返却業務、図書や備品の購入計画の立案と購入などの仕事を行う。なお、図書関係の仕事については教務部など他の分掌に置かれることもある。

(2) 委員会の仕事

委員会組織とは各分掌に分けることのできない横断的な業務や限られた時期に集中して行なう業務に対応した組織である。例えば特別委員会と呼ばれるものには、運営委員会（校務運営委員会・企画会議）、予算委員会、入試委員会、推薦委員会（進学）、卒業式入学式検討委員会、教育課程検討委員会、人権教育推進委員会、安全衛生委員会、教科書選定委員会などがある。ここでは、諸君になじみのない運営委員会、教育課程検討委員会、安全衛生委員会について簡単に説明していこう。なお、委員会としては分掌の仕事に含まれ、生徒の活動を指導する生徒委員会、保健委員会、図書委員会や旅行委員会（社会見学・修学旅行）なども学校には置かれている。

① 運営委員会（校務運営委員会・企画会議）

他の委員会とは異なる位置づけと役割を果たすものである。構成員は校長・副校長・教頭・事務長と各分掌のリーダー（主幹教諭及び主任）及び学年主任で構成されることが多い。この会議は職員会議の前に開催され、

主に校務運営に関する議題及び諸問題の対応に関して校長の意向と職員の意見の調整の場として行われる。職員会議の議題整理。
② 教育課程委員会
　学習指導要領・教育委員会・社会動向などをふまえて、学校の実態に合わせた特色ある教育課程案を作成するための委員会。
③ 安全衛生委員会
　教職員の福利厚生に関する施設などを検討し整備する。

(3) 職員会議
　職員会議は学校の意思形成過程における重要な機関であり、さまざまな情報を共有し、意見交換を行い、共通理解を形成していくために各学校に置かれているものである。かつては、職員会議は学校教育法の「校長は、校務をつかさどり、所属職員を監督する」という法的根拠で開かれていたため、その性格をめぐっては「議決機関(最高意思決定機関)」とする説や、校長の「諮問機関」あるいは「補助機関」とする説など対立があった。そこで、文部省は2000年に学校教育法施行規則改正を行い、同規則48条に職員会議を「校長の職務の円滑な執行に資するため、職員会議を置くことができる」と規定し、「職員会議は、校長が主宰する」と明記した。この規定によって職員会議は校長の校務執行を助けるための「補助機関」という性格が明確となった。
　しかし、このような規定が置かれたとしても職員会議の実際の運営に関しては議論・論争に決着が付いたとはいえず、さまざまな見解が主張されている。
　とはいえ、重要なのは校長・職員が一致協力して学校の教育活動を展開することである。校長を中心に職員とともに学校運営に関する明確なビジョンを確立し、児童・生徒の状況等について、担当する学年・学級・教科を超えて情報交換を行うなど職員間の意思疎通を図り、さまざまな教育課題への対応方策についての共通理解を深め合意形成を図る場として職員会議が機能することが最も重要なのである。

第2節　学級経営・学校経営とチーム学校

1．学級担任と学級づくり

　「教師の仕事とはどのようなものだと思いますか？」と問われれば多くの人は教壇に立って授業を行う仕事と答えるであろう。教員をめざす大学生に同じ質問をしてもほぼ同じ答えが出てくる。確かに学習指導・教科指導は教師にとって一番の職務であるのは事実である。しかし、実際に現場に立っている教員に同じ質問をすると授業を担当することという答え以上に学級担任として児童・生徒一人一人に関わる仕事であり、学級経営が大切な職務であると答えるであろう。また、ある程度の年齢に達する教員に質問をすると、教科指導・学級経営の職務に加えて学校組織における分掌などの仕事や役割の説明をした上で学校経営・学校運営を担うこととも教員の重要な職務と答えるかもしれない。本節では諸君に学級経営とはどのようなことを行う職務なのか、さらに学校経営を担うということは何をどのように行うことなのか、また、文部科学省から示されている「チーム学校」とはこれからの学校教育にどのような意味を持つことなのかを示していくことにしていこう。

(1)学級担任

　「自分も教師になった」という実感を味わうことができるのは、なんといっても学級担任を経験することによってである。日本の学校教育において「学級集団」のあり方は他の国には見られない独特な面を持っているとも言われている。それは少なくとも1年間を単位に固定されたメンバーで授業を受け、学校生活を共にする密着度の非常に高い集団として構成されているからである。このような緊密な状態のもとで構成される学級内の人間関係はおのずと濃密なものとなり、生徒同士の関係性が学級の雰囲気や学習の進度や深まりに大きな影響を及ぼすこととなる。その学級集団と日々接し、学習指導のみならず生活指導を担い、生徒一人一人の成長発達が順調に確実に進むように見守るのが学級担任の役割であり、生徒の成長を感ずるときに「教師」の醍醐味を感じることができるのである。また、学級担任をもつことにより、そ

の学校に課せられている学習指導、生徒指導、進路指導の課題、そして部活・行事などの特別活動が生徒の教育にどのように関連しているかといった学校全体の方向性や問題が理解できるようにもなる。さらには、学級担任を持つことにより親との関係も深まり学校を取り巻く地域社会の現状や現代社会の課題等にも気づくこともできるようになるのである。つまりは学級担任を持って教員は初めて一人前になるともいえるのである。

(2)**学級づくり**

　学級（クラス）とは、教育の効率化のために意図的に編成された同学年の生徒集団であり、学校における教育活動の基本的な単位である。生徒にとっての学級は学校生活を過ごす居場所となるべきところでもある。「生徒は学級で育つ」という言葉もあるように、さまざまな教科を学ぶ場だけではなく、自分とは違う個性・考え方を持った同級生と出会い、生活することで協力し合い、また意見の相違や時には喧嘩もしながら人間関係の築き方を学ぶ場ともなる。生徒にとって学級は人間形成にとって重要な場となっている。

　なお、小・中学校における特別活動の内容には「学級活動を通して、望ましい人間関係を形成し、集団の一員として学級や学校におけるよりよい生活づくりに参画し諸問題を解決しようとする自主的、実践的な態度や健全な生活態度を育てる」と記されており、このことからも、学級は社会生活を営む上で必要な資質・能力を育成する大切な学びの場であることが確認できる。

　次に、日々の学級での営みを効率よく進めるためにとって必要な外的な条件・内的な条件について示していく。

　外的な条件とは教室環境の整備などである。部屋の机の配置、部屋の装飾（掲示物などのレイアウトなど）、そして清掃の行き届いた教室。教室環境の整備はそこで学習する生徒の情緒の安定に大きな影響を与える。整った教室の環境は日々の学習や生活が落ち着き、居心地の良さを感じることにつながる。学校生活の大半を過ごす教室を生徒と共に整備することが学級担任としての大きな役割となる。学校の環境整備に関しては学級担任だけでは解決しない問題も多いが、学級担任のちょっとした工夫や配慮で、なごやかで落ち着ける教室になる。限られた条件の下でも少し工夫するだけで、教育効果を

あげることができる。この問題は「隠れたカリキュラム」として無視することはできない。

　内的な条件とは人的な条件のことである。学級の40名の生徒はさまざまな個性をもっている。これらの生徒が織り成す日々の学校生活は一つのドラマである。この生徒達がお互いに連帯感をもち協力しあえる学級になれば、教科活動や教科外活動にプラスの影響を与える。仲違いをし、いつも問題の絶えない学級では、よい教育効果は生まれないだろう。そこで、良好な学級集団を創り、保つためには学級の中で生徒たちが集団生活を送るための「ルール」を共有していることが必要である。学級に秩序が保たれ、一人一人が安心して生活し、大切にされていると感じるためのルールづくりとその共有が学級づくりでは必要である。4月の学級を結成する、いわゆる「学級開き」の際に、集団生活を送る際に絶対にはずすことができない基本的なルールづくりを生徒とともに進めていくことが学級担任には求められる。ルールづくりの際にはなぜそのルールを定めるのか、また、ルールを守る意味や価値について学級集団を構成しているすべての生徒と徹底的に話し合うことが必要となる。ルールを皆で作ること、そして守ることの価値について共有することが大切なのである。

2．学校経営

　経営というのは一般には「企業等において経済的、技術的、人間的な側面からその活動を円滑に維持・運営・発展させる営みである」と定義できる。では学校経営というのはどのような意味であろうか。これは、学校を一つの経営体とみて運営しようとする考え方である。学校経営とは、「学校での教育活動のために、学校に関わる人（人的資源）、学校にある物（物的資源）、学校に与えられたお金（財的資源）をもっとも有効に活用して最大の成果を上げる営み」ということとなる。学校は利潤をあげる場ではないが、投じた資金が有効に役立っているのかどうか、同じように投じた資金が子どもの教育に役立っているのかを点検し、その効果を見ることが必要ではないか、また、無駄なく効率のよい教育を行うためにはどのように学校の組織を構成し、どのように人的配置をすればよいかを科学的に分析し、学校運営に生かす必

要があるのではないかという考え方から学校経営という概念の生まれたのである。

　学校経営という視点にたった学校の取り組みについて記していく。

　現在学校では、学校づくりのビジョンと戦略を設定し、その実現に向けて経営資源となるヒト、モノ、カネ、情報などを活用・運用して、目的を達成する活動を行っている。つまり、教育、人事、予算、施設設備、組織、外部関係に関するこれらの事項を学校づくりの視点から計画、実施運営、評価し、次の改善行動、いわゆるPDCA＝(Plan・Do・Check・Action)サイクルにつなげていく取り組みが行われているのである。

　各学校では校長主導のもとに各教員が協力して分掌・学年会・教科会・職員会議などでの審議を行った上で学校経営計画が策定される。計画は公教育の目標、諸法令、教育委員会の方針、子どもの実態、保護者や住民のニーズを考慮し、教育事業の実施にかかわる経営方針と重点目標を明確にして作られることになる。学校教育目標が設定されると計画には、「学習・教科指導に関して」、「生徒指導に関して」、「組織・施設に関して」など項目ごとに中・長期的なビジョンと目的達成のための戦略が策定され、その上で短期的な計画となる各年度の教育計画・人事計画・財務計画などが記載されるのである。このような計画のもとに学校運営がされていくことになる。なお、学校経営計画に対してはその実施状況を検証・評価することが不可欠であり、先にあげたPDCAサイクルに沿って教育活動を推進し、適切に運営されているかどうかの校内検証に加えて、学校評議委員や学校運営協議会などの外部からの評価を受けることが重要である。

① 学校評議委員制度

　学校評議員制度は、校長が、学校運営に当たり、学校の教育目標・計画や地域との連携の進め方などに関し、保護者や地域住民の意見を聞くとともに、その理解や協力を得て、特色ある教育活動を主体的かつ積極的に展開していくことを期待して作られた制度である。地域に開かれた学校づくりを推進していくため、1998(平成18)年の中央教育審議会「今後の地方教育行政の在り方について(答申)」を踏まえ、我が国で初めて地域住民の学校運営への参画の仕組みを新たに制度的に位置付けたものである。

② 学校運営協議会（コミュニティ・スクール）

　2004（平成16）年の中央教育審議会「今後の学校の管理運営の在り方について（答申）」のなかで「保護者や地域住民が一定の権限を持って運営に参画する新しいタイプの公立学校」（地域運営学校）の設置が勧告され、「地方教育行政の組織及び運営に関する法律」の改正により、学校運営協議会の設置が法的に位置づけられた。その結果、保護者や地域住民の学校運営への参画が制度化されることになった。学校評議員制度は意見の申し入れにとどまっていたが、学校運営協議会は学校運営に一定の権限と責任をもつところに特色があり、主な役割として、以下の３つがある。
　　○　校長が作成する学校運営の基本方針を承認する。
　　○　学校運営に関する意見を教育委員会又は校長に述べることができる。
　　○　教職員の任用に関して、教育委員会規則に定める事項について、教育委員会に意見を述べることができる。
　なお、現在学校運営協議会を置く学校をコミュニティ・スクールと呼ぶ。2017年４月の時点でコミュニティ・スクール指定校は全国約3,600校。

3．チームとしての学校

　学校を取り巻く課題が複雑になっていることを背景に、教員が学習指導・教科指導や生徒指導に集中できる仕組みの構築を目指した「チームとしての学校」とよばれる考え方が提唱され、2015（平成27）年の中央教育審議会「チームとしての学校の在り方と今後の改善方策について（答申）」のなかで「チームとしての学校」の必要性と実現について提言された。
　答申を見ていくと「グローバル化や情報化が急速に進展し、社会が大きく変化し続ける中で、複雑化・困難化した課題に的確に対応するため、多くの組織では、組織外の人材や資源を活用しつつ、組織の力を高める取組が進んでいる。こうした中で、学校においても、子どもを取り巻く状況の変化や複雑化・困難化した課題に向き合うため、教職員に加え、多様な背景を有する人材が各々の専門性に応じて、学校運営に参画することにより、学校の教育力・組織力を、より効果的に高めていくこと」がこれからの時代には不可欠となる。そして、そのためには「チームとしての学校」の体制を整備するこ

との必要性が求められていると記されている。

　この答申についてもう少し解説していく。答申では「チームとしての学校」を実現するための3つの視点として、①専門性に基づくチーム体制の構築、②学校のマネジメント機能の強化、③教職員一人一人が力を発揮できる環境の整備の3点をあげている。①については「教員が、学校や子どもたちの実態を踏まえ、学習指導や生徒指導等に取り組むため、指導体制の充実が必要である。加えて、心理や福祉等の専門スタッフについて、学校の職員として、職務内容等を明確化し、質の確保と配置の充実を進めるべきである」こと、②については「専門性に基づく『チームとしての学校』が機能するためには、校長のリーダーシップが重要であり、学校のマネジメント機能を今まで以上に強化していくことが求められる。そのためには、優秀な管理職を確保するための取組や、主幹教諭の配置の促進や事務機能の強化など校長のマネジメント体制を支える仕組みを充実する」こと、③では「教職員がそれぞれの力を発揮し、伸ばしていくことができるようにするためには、人材育成の充実や業務改善の取組を進める」ことの3点が重要であると示した。また、従来よりも言われていることとなるが、学校と家庭や地域との連携・協働の必要性にも触れている。学校と家庭・地域において共に子どもの成長を支えていく体制を作り「学校や教員が、必要な資質・能力を子どもに育むための教育活動に重点を置いて、取り組むことができるようにしていく」ことをあげている。その上で、「チームとしての学校」を実現するための具体的な改善方策として、「教職員の指導体制の充実」について答申は、国・教育委員会に対して「教員が自らの専門性を発揮するとともに、授業準備や研修等に時間を充てることにより、その資質を高めることができるよう、教員の業務を見直し、事務職員や専門スタッフの活用を推進する」ことと「『アクティブ・ラーニング』の視点を踏まえた不断の授業方法の見直し等による授業改善や、いじめ、特別支援教育等に対応するため、必要な教職員定数の拡充を図る」ことを求めている。さらに「教員以外の専門スタッフの参画」のついて、①「心理や福祉に関する専門スタッフ」、②「授業等において教員を支援する専門スタッフ」、③「部活動に関する専門スタッフ」の配置の必要性を示した。また、「チームとしての学校」実現のために必要であり、その中核となる地

域との連携体制の整備のために、国に対して「地域の力を生かした学校教育の充実や学校全体の負担軽減、マネジメント力の向上を図るため、学校内において地域との連携の推進を担当する教職員を地域連携担当教職員（仮称）として法令上明確化する」ことや「教職員一人一人が力を発揮できる環境の整備」についても求めているのである。

　中教審の答申からは「チームとしての学校」を構築することで、学校組織全体の力を高め、学校教育の質の向上を図ろうということが読み取れる。前にあげたコミュニティ・スクールの構想もそうであるが、「チームとしての学校」を実現させ、機能させるためには「学校マネジメント力」が問われることとなる。管理職のリーダーシップ、マネジメント能力の向上がこれまで以上に求められることになるのである。そして、これまでとは違った学校組織の姿をイメージできる教職員の意識・行動の改革が求められていることも認識する必要がある。

（児玉　祥一）

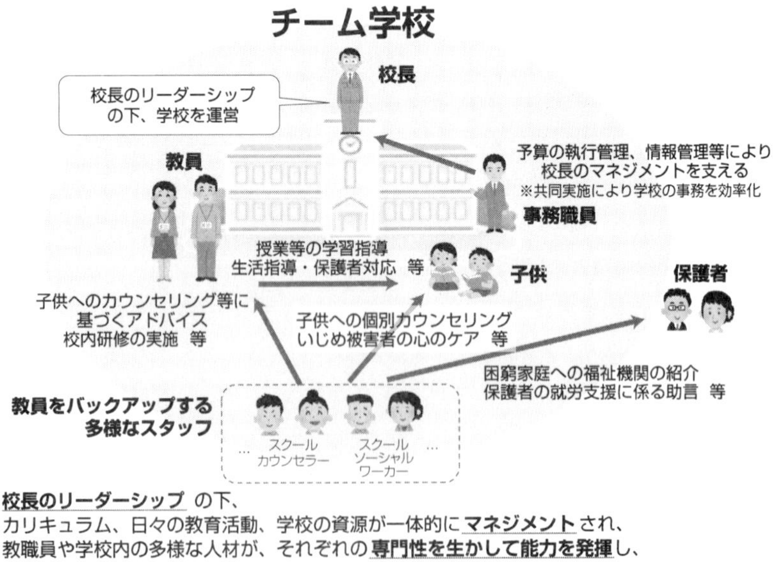

チーム学校

校長
校長のリーダーシップの下、学校を運営

事務職員
予算の執行管理、情報管理等により校長のマネジメントを支える
※共同実施により学校の事務を効率化

教員
授業等の学習指導
生活指導・保護者対応　等

子供

保護者

子供へのカウンセリング等に基づくアドバイス
校内研修の実施　等

子供への個別カウンセリング
いじめ被害者の心のケア　等

困窮家庭への福祉機関の紹介
保護者の就労支援に係る助言　等

教員をバックアップする多様なスタッフ
…スクールカウンセラー
…スクールソーシャルワーカー

校長のリーダーシップの下、
カリキュラム、日々の教育活動、学校の資源が一体的に**マネジメント**され、教職員や学校内の多様な人材が、それぞれの**専門性を生かして能力を発揮**し、子供たちに必要な資質・能力を確実に身に付けさせることができる学校

図3-3　「チーム学校」　中央教育審議会答申（平成28年）
資料「次世代の学校・地域」創世プランより

第3節　生徒指導と教員

　今日の社会は、急激な少子高齢化やグローバル化の進展、情報通信技術や人工頭脳などの飛躍的な技術革新等により社会環境が大きくかつ急速に変化し、将来の予測が不可能な時代に入っている。また、家庭や地域、社会の在り方も複雑かつ多様化を深め、子どもの教育においても様々な課題が生じてきている。そのような課題の中、生活体験の不足や人間関係の希薄化、集団のために働く意欲や生活上の諸問題を話し合って解決する力の不足、子どもの規範意識や倫理観の低下などが顕著になっている。また、好ましい人間関係を築けないことや、望ましい集団活動を通した社会性の育成が不十分な状況も見受けられる。さらに、現代の子どもの特性に関係しているだけでなく、貧困による格差や虐待による愛着障害のように、子どもたちが背負わされている家庭環境などが大きく影響しているケースも増えてきている。今後、子どもたちが個性を大切にして自立をしていくには、自らの生き方とこれからのよりよい社会のあるべき姿を捉える必要がある。

　生徒指導はこれまでにも「人格の完成」と「個性の伸長」という個人に果たす機能と「社会の形成者」の育成という社会に果たす機能の2つを等しく担う活動として位置づけられてきた。しかし、近年の日本社会の変化と子どもの現状を考えると、これからの教員は、今まで以上に学習指導と一体化した生徒指導の展開による「社会の形成者」としての資質・能力の育成に努め、未来の宝である子ども達への指導・支援をしていかなければならない。

1．生徒指導の意義
(1)生徒指導の意義
　文部科学省が小学校から高等学校までの生徒指導の理論・考え方や実際の指導方法等についてまとめた「生徒指導提要」には次のように生徒指導の意義が記されている。
　『生徒指導とは、一人一人の児童生徒の人格を尊重し、個性の伸長を図りながら、社会的資質や行動力を高めることを目指して行われる教育活動のこと

です。すなわち、生徒指導は、すべての児童生徒のそれぞれの人格のよりよき発達を目指すとともに、学校生活がすべての児童生徒にとって有意義で興味深く、充実したものになることを目指しています。生徒指導は学校の教育目標を達成するうえで重要な機能を果たすものであり、学習指導と並んで学校教育において重要な意義を持つものと言えます。

各学校においては、生徒指導が、教育課程の内外において一人一人の児童生徒の健全な成長を促し、児童生徒自ら現在及び将来における自己実現を図っていくための自己指導能力の育成を目指すという生徒指導の積極的な意義を踏まえ、学校の教育活動全体を通じ、その一層の充実を図っていくことが必要です。』

このように、これからの生徒指導に求められていることは、社会の中で自己実現を図り、個々の幸福を追求すると同時に社会的資質や行動力を高め社会の発展をも追求する「社会人」への成長・発達支援であると言える。

(2)自己指導能力とは

自己指導能力とは一言で言うと、「その時、その場で、どのような行動が適切か、自分で考えて、決めて、実行する能力」である。教員が「こうすべきである」と指示を出して児童生徒が自主的に行動することではない。児童生徒が自分自身の気持ちをしっかりと見つめ、今何が一番大切かを考え、自らが決断し実行していく。教員は児童生徒がどうしたいのか、どのように行動するのかという過程を見守り、指導と支援を行っていく。これが自己指導能力の育成であり、生徒指導に求められている教員の基本的なかかわり方である。

教員が「見守る」ということは、児童生徒の自主性に任せて児童生徒を放っておいて何もしないということではない。教員が授業はもちろんのこと全ての教育活動の中で児童生徒が主体となる活動の仕掛けを行い、主体的に活動できる「場」や「機会」を設定することが大切なのである。児童生徒が教員の意図を感じることのない、目に見えない計画的な教員の働きかけが大事なのである。

(3) 生徒指導の３つの機能

　生徒指導は、各教科だけで行われるものだけではなく、学級活動・児童会（生徒会）活動・学校行事・クラブ活動（小）の特別活動や道徳（特別な教科道徳）、総合的な学習の時間等も含めた教育課程のすべての領域において機能することが求められている。そして、それは教育課程内にとどまらず、休み時間や昼食時間、清掃時間、部活動、放課後に行われる個別的な指導や、学業の不振な生徒のための補充指導、随時の教育相談などの教育課程外の教育活動においても機能するものである。要するに教室内外を問わずあらゆる場所で、授業時間だけでなくあらゆる時間帯で、すなわち学校におけるすべての教育活動で機能するものであり、全ての教職員が一人一人の児童生徒に指導・支援していくことなのである。

　生徒指導の目的である自己指導力を育成するための方法について、生徒指導提要では次のように述べている。

　『日々の教育活動においては、①児童生徒に自己存在感を与えること、②共感的な人間関係を育成すること、③自己決定の場を与え自己の可能性の開発を援助することの３点に特に留意することが求められています。』

① 　自己存在感を与える

　「自己存在感を与える」とは、教員が機会あるごとに生徒一人一人をかけがえのない存在としてとらえ指導することである。簡潔に言うと、「生徒のすべてを認め、大切にすること」である。

② 　共感的な人間関係を育成する

　「共感的な人間関係」とは、人間的なふれあいを通して、ありのままの自分の思いや考えを伝え合い、相手の立場に立って理解し合い、お互いの違いとよさを認め合い無条件に尊重し合う人間関係のことである。

　教員が児童生徒とともに人間的な弱さを乗り越えようとする姿勢を持ち、自己開示を行い、関わりを深めようとすることにより共感的な人間関係が生まれるのである。児童生徒同士についても同様である。

③ 　自己決定の場を与える

　自他のそれぞれの社会的な自己実現を図ることを目指して、自己の行動を決定するとともに、自己の可能性の開発を援助することである。簡潔に

言うと、「生徒の主体性を大切にすること」である。言うまでもなく、自己決定といっても、全てを自分勝手に決めてもよいという事ではない。自分以外の他者の存在も意識させ、他者の主体性を大切にした上で自らの行動を決定することが重要であり、必ず自己責任もついて回るのである。

　また、この3つの機能はお互いに影響し合い高め合っている。児童生徒は、教師や級友などの他者から自らの思いや考えを共感的に理解されることによって自己存在感を得ることができる。自己存在感を得ることによって自分の居場所や他者との絆が生まれ、自信をもって自己決定を行うことができる。また、そのような児童生徒は、他者に対して共感的に理解しようと努め、そのことが互いのよさを認め合い、仲間と助け合い、協力し合うという望ましい人間関係、すなわち共感的な人間関係を築くことになるのである。

2．生徒指導の基盤となる児童生徒理解
(1)個々の児童生徒についての理解

　学校における日々のあらゆる教育活動やそれに伴う指導や実践が成果を上げるためには、児童生徒理解が大前提であるのは言うまでもない。特に生徒指導においては教師と生徒との信頼関係を構築されていなければ成果を上げることができない。人は理解してくれている人には安心して心を開くが、理解してくれていない人に対しては拒否的になり、心を閉ざしたまま対応するものである。信頼関係を築くためには、子どもをあるがままに丸ごと受け入れ理解するという共感的な理解が必要である。そのためには、児童生徒の一人一人の能力、性格や特性、興味、関心、悩み事、交友関係、家庭環境や生育歴など把握すべき情報を多面的・多角的・総合的に、そしてできるだけ客観的かつ正確に事実を把握する必要がある。

　児童生徒をよく理解することによって、長所や短所もはっきりすることになり、いつ、どのような方法によって指導・支援するのが最も効果的であるかということも明らかになるのである。

(2) 発達の特性のある生徒に対する対応

　発達障がいの定義については、平成17年4月1日に施行された発達障害者支援法において、「自閉症、アスペルガー症候群その他の広汎性発達障害、学習障害、注意欠陥多動性障害その他これに類する脳機能の障害であってその症状が通常低年齢において発現するものとして政令で定めるもの」と示されている。生徒指導提要では具体的な発達障がいについて記載されているが、詳しくは本著の第6章を参照してもらいたい。

　生徒指導として押さえておきたいことは、発達の特性のある生徒に対しては、本人に対し変化を求めるのではなく、周囲がサポートし、本人が生活しやすいように周りの環境を調整することが必要なのである。

　一般に、発達の特性のある生徒の学校生活や日常生活における困難さは、多様であり一人一人異なっているものである。それだけに、本人の発達の特性はもちろんのこと、本人と家族の困りごとを丁寧に明らかにすることから始めなければならない。重要なのは、明らかになった問題や課題に対しては、解決に向けて学校全体で組織的に対応し、一人一人に具体的なサポートを行う姿勢なのである。

3．生徒指導の方法

(1) 集団指導と個別指導

　望ましい人間関係づくりには集団指導と個別指導が重要である。生徒指導提要には次のように述べられている。

　『集団指導を通して個を育成し、個の成長が集団を発展させるという相互作用により、児童生徒の力を最大限に伸ばすことができるという指導原理があります。そのためには、教員は児童生徒を十分に理解するとともに、教員間で指導についての共通理解を図ることが必要です。』

　ここでは、「成長を促す指導」、「予防的指導」、「課題解決的指導」の3つの目的に分けて考えていく。

(2)「成長を促す指導」

① 居場所づくり

「居場所づくり」とは、児童生徒が安心できる、自己存在感や充実感を感じられる場所をつくりだすことである。児童生徒が学校の中で一番長く過ごす時間が多いのは教室であり学級である。まず、児童生徒が学級にいることに不安を感じたり、落ち着かないという感覚を持たないという安心感のある学級を教員が創ることである。このことは、学級だけでなく学校のあらゆる教育活動の場所と場面が対象であり、単に「居心地がよいようにする」ことだけではなく、「全ての子どもが困らない」居場所でなければならないのである。

具体的には、正義が通る場所、一人一人が安心していられる場所、一人一人が大切にされる場所、お互いの違いを認め合える場所、お互いの失敗を許容し合える場所などのような空間のことなのである。自分が大切にされている、認められている等の存在感が実感でき、精神的な充実感が得られる場所が心の居場所となるのである。

教員が、子どものために居場所をつくるために、まずすべきことは「分かる授業」に向けた「授業改善」である。学校で過ごす時間の多くが授業時間であることを考えると、授業が分からないことほど子どもにとって不幸で「居心地の悪い」ことはない。先生が何を話しているのか全く分からず机で突っ伏して寝ていたり、先生に当てられたらどうしようかと内心ビクビクしたり、間違っていたら恥ずかしいからと手を上げることもできない子どもにとって、その学級は「居心地のよい」居場所になっていないのである。

まず、基礎的な学力が定着するような「分かる授業」を推し進めなければならない。教員の本務である授業力が試されるのである。授業における説明の仕方、発問の仕方、指示の出し方、板書の仕方、教材の工夫、IT機器の利用等々、教材研究に時間をかけ工夫をしていかなければならない。

さらに付け加えるならば、遅刻をしない、チャイムが鳴れば着席する、姿勢を正して座る、忘れ物をしない、人の話は静かに聞くなどの基本的な生活習慣や規律や礼儀についても、誰もが居心地のよい居場所を創って行くには必要不可欠なことであることも忘れてはいけない。

② 絆づくり

　「絆づくり」とは、教員がきちんと「居場所づくり」をしているということが大前提である。正義の通らない規律のないところには「絆」は生まれることも「絆」を育むこともできない。

　「絆づくり」とは、主体的に取り組む共同的な活動を通して、お互いのことを認め合ったり、心のつながりを感じたりすることで児童生徒自らが「絆」を感じ取り、紡いでいくことなのである。

　教員が、子どものために「絆づくり」を進めるために、まず、しなければいけないことは、全員が参加でき、活躍できるような授業である。教員の一方的な講義や一部の生徒の発言だけで進んでいく授業では、残りの生徒や十分に理解できていない生徒は置き去りにされてしまう。全ての教科の授業でペア学習やグループ学習などで必ず話し合う場面を短時間でも創っていくことなど、クラス全員が必ず授業に参加できるシステムを取り入れることが必要である。もしも、話すことが苦手な子どもがいれば、事前に話し合うテーマについて自分の考えをノートやプリントに整理する時間を作ることなどして工夫すればよいのである。教員はそれぞれのクラスについて、ペアやグループの組み合わせ、取り組むテーマ、話し合いの時間、話し合ったことの発表の仕方や時間などあらゆることを想定して準備しておく必要がある。また、話し合いだけでなく、グループで1つのものを完成させていくような共同作業的な活動も取り入れることも考えられる。このように念入りな計画や準備がなされた授業を行えば、生徒はクラスの仲間とお互いに主体性を持って学びあい、話し合いという共同の活動を通して認め合い、理解し合い、「絆」が生まれ育まれるのである。

　以上、「居場所づくり」も「絆づくり」もまず始めに取り組むべきは、子どもたちが一番長く過ごす時間である授業の改善と述べたが、2020年から順次実施される次期学習指導要領の方策の1つである「主体的・対話的で深い学び（アクティブ・ラーニング）」にも繋がるものである。しかし、子どもたちが過ごす時間は授業だけではない。学校の全ての教育活動で、教員をはじめとするすべての教職員が、児童生徒が主体となって活動できるような

「場」と「機会」を学校体制として計画的かつ組織的に企画し提供しなければいけないのである。そのような「場」と「機会」が設定できれば、「絆づくり」の主体者である児童生徒の活動を、教員は黒子に徹して見守ればよいのである。

忘れてはならないことは、生徒が変わることが求められているのではなく、変わることが求められているのは、教員の生徒へのかかわり方であり教員の意識である。

(3) 予防的指導について

問題を防ぎたい、起きないようにしたいという「予防的指導」には、「治療的予防」と「教育的予防」の2つがある。国立教育政策研究所『生徒指導リーフ Leaf.5』には次のように述べられている。

『「治療的予防」とは、「問題に対する専門的な知見を踏まえ、早期発見・早期対応を徹底したり、更に一歩進めて発生を予測したりするなど、問題を起こしそうな（課題のある）児童生徒を念頭において行われる問題対応型の予防」である。言い換えれば、「問題の早期発見・早期対応」という考え方、それを更に進めて「問題を起こしそうな児童生徒の予測」や「事前の働きかけ」を行う生徒指導と言える。

「教育的予防」とは、「問題を起こしそうな児童生徒に特化することなく、また当面の問題のみならず将来の問題にも対応できるよう、全ての児童生徒が問題を回避・解決できる大人へと育つことを目標に行われる健全育成型の予防」である。言い換えれば、「早寝早起き朝ごはん」に代表されるような健全育成を進めることにより、問題を起こさない、問題を回避できる児童生徒へと育む生徒指導と言える』

前述した「成長を促す指導」に発展し繋がっていく考え方である。

(4) 課題解決的指導

既に述べたようにあらゆる機会に児童生徒を理解する中で「居場所づくり」や「絆づくり」の取組を進めることが生徒指導においてはとても大切である。そのためには、日常の生徒指導において、「社会で許されない行為は、

学校においても許されない」という毅然とした姿勢で指導を徹底するとともに、児童生徒が所属する集団の中に、児童生徒同士がともに指摘し合い、高まり合える風土を醸成することが重要となる。

しかしながら、学校には喫煙、飲酒、薬物乱用、けんか、暴力行為、恐喝、万引き、窃盗、器物損壊などの問題行動だけでなく、インターネットの普及によるSNSなどのIT関連や性に関するトラブル、命に関わるいじめ、学校だけでは解決できない虐待や自殺、そして不登校や中途退学など解決していかなければならない課題が山積している。

これらの課題は児童生徒本人の特性や発達の課題にだけに原因があるのではなく、社会環境や家庭環境などの様々な課題を児童生徒が背負わされているのであると認識することが大切なのである。特に問題行動を繰り返す児童生徒と関わるときには、どうしても「困った児童生徒」と考えてしまいがちであるが、「困った児童生徒」ではなく課題を背負わされた「困っている児童生徒」と考えることが教員としては必要である。

課題を背負わされている児童生徒への指導については、生徒指導提要では次のように述べている。

『個別の課題を抱える児童生徒への指導については、個別課題の特質を理解し、一人一人の児童生徒に合った指導方法や対応、あるいは関係機関との連携など、適切で効果的な指導をすることが重要です。日常的な観察などによる早期発見と効果的な指導を個別の課題を抱える児童生徒への指導の基本としつつ、個別の課題に応じた専門的な対処を講ずることにより、問題行動への一層の効果的な解決を図ること』

このように、個別の課題を抱える児童生徒への指導を進めていく上で、教職員は「見逃しのない観察」・「手遅れのない対応」・「心の通った指導」を常に念頭に置き、一人一人の児童生徒と向き合い、課題や問題に対し、その背景を的確に理解し、適切な指導と支援に努めることを基本姿勢としなければならないのである。

特に問題行動が発覚した場合は「手遅れのない対応」が重要である。素早い初期対応に努め、「報告」「連絡」「相談」を徹底し、「行為・行動の事実関係」「指導方針」「保護者対応」等の共通理解を図り、全ての教職員が同じ方

針・指導で組織的な対応をすることが重要である。必要に応じて管理職はスクールカウンセラーやスクールソーシャルワーカーと連携を図り、教育委員会や関係機関等に報告・連絡をする。

　また、指導する場面においては心からの反省を促し、今後の行動改善につながる意欲を高めるために「心の通った指導」を心がける。指導される児童生徒が受け入れる指導のタイプを考慮し人権を配慮しつつ、嘘や隠し事を許さないという毅然とした指導を行う。特に問題行動の指導で常に忘れていけないことは、問題の「行動」を指導するのであって、児童生徒の人格を否定するようなことになってはいけないということである。「やったことは悪いが、それは君の本来の姿ではない」という姿勢で指導するのである。

　さらには、問題行動には必ず原因があり、児童生徒自らの特性や家庭環境などの本人が抱えさせられた背景があるので、問題行動の指導後も引き続き指導支援を継続していくことは言うまでもない。

（大橋忠司）

第4節　教育相談と教員

　いじめや自殺、不登校、暴力行為等の問題行動に加え、近年では児童虐待件数の増加や相対的貧困率の上昇など、心理的・経済的に困難を抱えている児童生徒が増加していることから、教育現場における教育相談の充実が重要となっている。「生徒指導の手引き（改訂版）」（文部省，1981）では、教育相談を「一人ひとりの子どもの教育上の諸課題について、本人又はその親、教師などに、その望ましいあり方について助言指導することを意味する。言いかえれば、個人の持つ悩みや困難の解決を援助することによって、その生活によく適応させ、人格の成長への助言をはかろうとするものである」と定義している。本節では、教育相談において教師として重要な姿勢や、教育相談の今後の方向性について概説する。

1. 教育相談の歴史

　戦後、アメリカの教育施設団から、人格を尊重した個性重視の教育を計画し、個々の児童生徒の発達を促す教育を目指すように勧告されたことを受けて、1948年の「日本における学校教育の再編成」（文部省）において「教育相談」という用語が使われた。さらに、1964年の学習指導要領の改訂における指導計画と内容の取扱いの項で、「教育相談（進路指導を含む）などを、計画的に実施することが望ましい」と記載されて以降、「教育相談」という文言は使用されるようになった。

　その後、1970年代半ばに高校進学率が90%を超えた時期から、高校中退、校内暴力、いじめなど学校内の問題が多発するようになったのを背景に、これらの問題行動への取り組みを通して、子どもの内面的な指導が求められ、学校での教育相談の重要性が増した。1980年代には、カウンセリングマインドという用語が普及し、教師が積極的に教育相談について学び、その中心的担い手となった。また、2001年に「スクールカウンセラー活用事業補助」を文部省が開始し、全国の公立中学校にスクールカウセラー（SC）が配置され、さらに近年ではスクールソーシャルワーカー（SSW）や教育相談コーディネーターの配置も推進され、教育相談はチームとして活動するようになった。

2. 教育相談と生徒指導の関係

　児童生徒に対して積極的に指導し、働きかけて、その健全な発達や適応を支援するという点からすると、教育相談と生徒指導の意義や機能はとてもよく似ている。実際、教育相談は、「生徒指導の一環として位置づけられるものであり、しかもその中心的な役割を担うもの」（文部省，1990）であるとされ、生徒指導の中に位置づけられていた。その後、文部科学省は「教育相談は主に個に焦点を当て、面接や演習を通して個の内面の変容を図ろうとするのに対して、生徒指導は主に集団に焦点を当て、行事や特別活動などにおいて、集団としての成果や変容を目指し、結果として個の変容に至るところ」（文部科学省，2010）というように、教育相談と生徒指導の違いを示している。つまり、児童生徒に働きかける方法として、個別対応を重視する傾向が強いものが教育相談であり、集団対応を重視する傾向が強いものが生徒指導であ

るといえる。

　2017年3月に公示された新学習指導要領の第1章総則第4の1「生徒の発達を支える指導の充実」の(1)には、学校生活への適応や人間関係の形成、進路選択などについては主に「集団の場面で必要な指導や援助を行うガイダンスと、個々の生徒の多様な実態を踏まえ、一人一人が抱える課題に個別に対応した指導を行うカウンセリング（教育相談も含む）の双方により、生徒の発達を支援すること」（文部科学省, 2017）とあり、児童生徒の発達を支える活動として、生徒指導と教育相談が両輪として働くことが期待されている。

3．カウンセリングマインド

　教育相談を実践するにあたっては、カウンセリングマインドが大切である。1998年の中央教育審議会「幼児期からの心の教育のあり方について（答申）」では、教員がカウンセリングマインドを身につけることの重要性が指摘された。カウンセリングマインドについては、厳密な定義がないものの、ロジャーズ（Rogers, C. R.）の来談者中心療法に基づいたカウンセリングの姿勢としてとらえるのが一般的であり、児童生徒の心を尊重し、共感的立場で温かく対応しようとする態度や心構えであるとされる。その考え方の核心は、相談者が自分自身で問題を解決できるように支援し、その自己成長を促すということである。またロジャーズは、共感的理解によって相談者が適応的な方向へと変化し、受容的態度によって相談者が安心感の中で自分の感情を明瞭化できるとしている。

(1)共感的理解

　カウンセリングマインドにおいて共感的理解が重要視されているのは、それが子どもの主体性の回復につながると考えられているからである。子どもの内面を含めた感情レベルでの共感は、自分とは全く違った枠組みを持つ他者に、自分を理解してもらえたという感覚を子どもに芽生えさせる。この感覚が、自分の感じ方や考え方が自分一人のものではなく、社会の中で通用するものであるという感覚を導く。結果として、自分の感情体験を自分のものとして受け止めることを可能とし、児童生徒が主体性を取り戻していくので

ある。

(2) **受容的態度**

　受容とは、児童生徒を受容するということである。どれだけ子どもを理解し、共感し、受容できるかは、教師自身が自分の中の嫌な面をどれだけ受容できているかということである。一般的に、人は自身の負の側面（嫌な面など）は"ないもの"として意識されないことが多いが、実はそのような側面は無意識化においてコンプレックスとなっているため、周囲の人の中に見つけやすく、否定的な態度を導き、注意や改善を求めたりするような行動につながる。つまり、児童生徒を受容するということは、教師自身の自己理解の広さと深さにかかっているといえる。

4．教育相談における3種類の支援的関わり

　石隈（1999）は、児童生徒に対する教師の支援的関わりについて、「カウンセリングにおける3種類の関わり」モデルを示した。このモデルでは、教師、SC、保護者などの援助者は理解者として、味方として、人間として子どもに関わる。その関わり方として、Being-In（相手の中に存在する）、Being-For（相手のために存在する）、Being-With（相手とともに存在する）の3つを提示した。

(1) **Being-In：理解者になる（わかる）**

　Being-In（your world）は、子どもの世界に入る（入れてもらう）という意味である。児童生徒の問題状況と感情を、子どもの内的世界から、子どもの立場で理解し、子ども自身の自己理解を援助しようとする関わり方である。子どもの世界を理解するためには、①子どもの様子をよく観て、話をよく聴く、②感情に焦点を当てる、③教師の価値観が子どもの世界の理解を妨げないように努力する、④想像力を働かせることが重要である。また、Being-Inの関わりは呼応的関わりであり、子ども発言や要求・希望に呼応する、つまり、子どものニーズを理解して自分も積極的に関わることが、子どもを理解して支える基本となる。まさにカウンセリングマインドの考え方である。

(2) Being-For：味方になる（生かす・育てる）

　Being-For (you) は、教師が子どもの味方となり、困難な状況に一緒に立ち向かう関わり方であり、子どもが発達上の課題や教育上の課題に取り組む際の具体的な援助活動である。Being-In では「子ども」に焦点が当てられ、子ども自身が主体性を取り戻す活動であるのに対して、Being-For では「私たち（子どもと教師）」に焦点が当てられ、子どもが一人ではないと感じることを目指す活動である。石隈（1999）は Being-For のサポートとして4種類をあげている。それらは、①子どもに関心を示し、安心させ、勇気づけるなど、情緒的な働きかけを行う情緒的サポート、②子どもの問題解決に役立つ情報やアドバイスを提供する情報的サポート、③子どもの問題解決への取り組みに対するフィードバックを提供する評価的サポート、そして、④子どもに対して時間や労力を費やし、環境調整を行うなど具体的で実際的なサポートを提供する道具的サポートである。

(3) Being-With：人間として関わる（共に生きる）

　Being-With (you) は、子どもも教師もひとりの人間として、共に生きるということである。教師の子どもに対する自己開示や自己主張などが含まれ、教師が子どもと異なる存在であることを子どもに意識させる活動である。教師が一人の人間として応えることが、子どもを人間として尊重し、子どもの人生を尊重することにつながり、結果として子ども自身も一人の個としての存在価値を見出すことが可能となる。その際に大切なことは、教師の意見や価値観を子どもに押し付けるのではなく、子どもの発達段階、自我の強さ、メンタルヘルスをアセスメントしながら行うことである。

5．教育相談のプロセス

　教育相談のプロセスは、対話や関りを通じて進展すると同時に、子どもの心の中では内的な作業のプロセスが進行する。そこで、カウンセリングマインドに基づく教育相談は、子どもの内的プロセスの変化に焦点を当てた対話が大切となる。教育相談を通して子どもが、自分自身のことを振り返り、自己理解を深め、問題解決に主体的に取り組み、自己成長へと向かう内的変化

を促進することが期待される。そのためにも、まず初めに、Being-In の関わりによって、子どもとの間に信頼関係を構築することが必要である。相手の話を最後まで聞く、理解しようとする、気持ちを認めようとする気持ちを持ち、それを態度で示すことによって、徐々に信頼関係は形成される。

　次に、Being-For の関わりによって、問題解決に向けての共同作業を行う。子どもが困っていること、解決したいことを聴き、問題を解決したいという気持ちを確認し、子どもの主体的な解決に向けての取り組みを支援したいと思う気持ちを伝え、問題解決に向けての共同作業を開始する。問題解決に向かうには、事実や問題のありどころを明らかにする必要があるので、個人面接、行動観察、保護者や友人などの周囲からの情報収集などを行う。その際、本人がどのような気持ちや考えに基づいて行動しているのか、周囲の人たちはどのように考え接しているのか、問題を継続させている要因は何か、うまく機能していることは何かなどを確認する。教員は、子どもの気持ちを受け止め、事実や状況を振り返りながら、問題を一緒に確認し、整理する。このような共同作業を通して、児童生徒自身の自己理解が深まり、徐々に問題解決に向かう気持ちが高まる。

　しかし、問題の原因が明らかになっても、原因を取り除けるとは限らない。本人の肯定的な側面や解決したい気持ちに焦点を当て、理想とする姿やゴール（解決できた状態）を明確にする支援が大切である。また、目標が長期的なものである場合、達成可能な小目標を一緒に考え、スモールステップで自信ややる気を引き出し、解決に向けて具体的な行動を明確化する。

　新しい行動計画の実践には、勇気づけや励ましが大切である。また、目標が達成できるように環境調整が必要となる場合もある。最初の成功体験が次の挑戦につながるので、その支援を大切にし、うまくいっている行動はほめて継続し、うまくいかなかった行動は新しい行動に切り替えて実践する。このようなプロセスの中での成功体験やほめられた経験の積み重ねは、子どもの自己肯定間や自己コントロール感を高め、ストレス耐性を促進し、問題を克服する気持ちを育てることになる。

6. チームでの支援

　これからの教育相談は、問題が発生してからのみではなく、未然防止、早期発見、早期支援が求められる。しかし、児童生徒の問題行動の背景には、多くの場合、心の問題とともに、家庭、友人関係、地域、学校など、子どもたちの置かれている環境の問題があり、子どもの問題と環境の問題は複雑に絡み合っている。単に子どもの問題行動のみに着目して対応するだけでは問題の根本的な原因が見えず、なかなか予防や解決に至らない。そこで、問題の発生から改善・回復・再発防止までの一貫した支援体制の構築が重要となる。2015年の中央教育審議会における「チームとしての学校の在り方と今後の改善方策について（答申）」では、「学校現場で、より効果的に対応していくためには、心理の専門家であるカウンセラーや福祉の専門家であるソーシャルワーカーを活用し、子どもたちの様々な情報を整理統合し、アセスメントやプランニングをしたうえで、教職員がチームで問題を抱えた子どもたちの支援を行うことが重要である」と提言している。

　さらに、教育再生実行本部（チーム学校部会）第四次提言（2015年）では、「『チーム学校』の組織力・教育力を一層高めていくため、高度な専門スタッフとしてスクールカウンセラー（SC）やスクールソーシャルワーカー（SSW）の制度上の位置づけや職務内容等を明確化するとともに、資格の取得や研修の充実などにより、その育成や質を担保し、他の教職員との連携を強化する」とし、どの学校にもSCやSSWを配置することを目指すことを提言している。教育相談の中心的な担い手は担任教員であるが、これからの教育相談は、校長のリーダーシップの下、担任教員、生徒指導や教育相談担当教員、養護教員などとの学内の連携とともに、専門的な知識を持ったSCやSSWなど心理や福祉等の専門スタッフ等と連携・分担し、さらには、教育委員会、専門機関やNPOなどの外部団体、地域などと連携した「チーム学校」体制を整備し、学校の機能を強化していくことが重要となる。さらに、「チーム学校」として組織的な連携や支援体制を維持するためには、児童生徒の状況を把握し、SCやSSWの役割を理解し、初動段階でのアセスメントを行うことができ、関係者への情報伝達などを行う教育相談コーディネーター役の教員も学内に必要となる。

⑴ **スクールカウンセラー (SC)**

　不登校、いじめ、自殺、暴力行為などの児童生徒の問題行動等への対応にあたっては、子どもの心に働きかけるカウンセリング等の教育相談機能を充実させることが必要であるとの認識から、1995年に「スクールカウンセラー活用調査研究」(都道府県・政令指定都市対象の委託事業)が発足し、SCの配置が始まった。SCは、児童生徒の臨床心理に関して高度に専門的な知識・経験を有するものが担い、主に臨床心理士、精神科医、臨床心理の専門的知識を有する大学教員が配置される。また、SCに準ずるものとして、臨床業務や相談業務の経験を有する大学院生や医師などもその役割を担う。

　SCの役割として、「生徒指導提要」(2010年,文科省)では3つが挙げられている。1つめは、子どもや保護者に対する支援である。不登校、いじめ、非行傾向等の子どもや保護者への個別アセスメントを実際に実施し、学習状況や進路希望を把握したうえで、効果的なカウンセリングを実施する。また、事件・事故等の緊急対応における子ども等の心のケアも行う。2つめは、児童生徒に対応する教員への支援である。教員に対する児童生徒へのカウンセリングマインドに関する研修活動や、教員との協力の下で子どもの心理的問題への予防的対応なども重要な役割である。学校内の会議にSCが参加することにより、SCの「子どもを大切にする」「背景を理解する」というような臨床心理的な視点が、教員の児童生徒理解の幅を広げ、結果的に問題行動の予防効果が高まることも期待される。3つめは、外部機関との連携である。SCが医療機関とのつなぎ役になり、学校での支援についての助言を得たり、児童相談所や警察に紹介し、より専門的な支援を受けた方がいい事例の見立てや連携の仕方を助言したりする。

⑵ **スクールソーシャルワーカー (SSW)**

　SSWは、教育分野に関する知識に加えて、社会福祉等の専門的な知識や経験を有する者が担い、原則として社会福祉士や精神保健福祉士等の福祉に関する専門的な資格を有するものが配置される。ただし、地域や学校の実情に応じて、福祉や教育の分野において専門的な知識・技術を有する者や活動

経験の実績等がある者でも担うことが可能である。

　教育相談におけるSSWの役割としては、児童生徒の様々な情報を整理統合し、アセスメントやプランニングに基づく学校の教職員とチーム体制を構築し、児童生徒が置かれた環境への働きかけを行うことである。また、ボランティア団体や福祉等の関係機関とのネットワークを構築・連携・調整し、協働体制を構築するのも重要な役割である。保護者・教員に対する支援・相談・情報提供や、教員に福祉制度の仕組みや活用方法、ソーシャルワーク的な視点や手法を獲得させるための研修活動などもその役割としてあげられる。

(3)教育相談コーディネーター

　日本では、生徒指導や教育相談の主な担い手が学級担任であり、子どもが学校生活の中で支援を受けられるという強みになっている。同時に、教師に強く依存したこのようなシステムの在り方には限界もある。教師の知識やトレーニングは必ずしも十分とはいえず、教師が行う支援の質と量の個人差は大きい。そこで学校内の心理的な支援をコーディネートする専門職を配置することもこれからの教育相談には必要となる。文科省は、「チーム学校」のリーダーシップは校長が担うとしているが、校長なども連携のための訓練を受けているわけでない。そこで、教育相談コーディネーターがコーディネーション力を発揮し、SC・SSWと協働することでチーム援助が促進されることが期待される。

　コーディネートとは「学校内外の援助資源を調整しながらチームを形成し、援助チーム及びシステムレベルで、援助活動を調整するプロセス」であり、学校におけるコーディネートには個別支援チームのコーディネートとシステムに関するコーディネートがある(瀬戸・石隈, 2003)。個別支援チームのコーディネートの活動には、援助資源の把握や情報収集を行う「アセスメント・判断」、教師の支援ニーズの把握や保護者の状態の把握などの情報収集を行う「教師・保護者とのチーム形成」、教師とSC・SSWや専門機関の仲介を行う「専門家との連携」、チームの活動や意見を学校全体に説明し調整を図る「説明・調整」の4つがある。また、学校内のシステムコーディネートの

活動として、児童生徒や学校の現状に関して情報収集を行う「情報収集」、学校内の相談システムや相談ルートについて児童生徒・保護者・教職員に広報する「広報活動」、学校組織や運営、支援チームの改善を行う「マネジメント」、専門機関の把握とそれらを教職員に広報する「ネットワーク」の4つの活動があげられる。これからの教育相談体制を充実させ、機能させるためには、教育相談に関する経験・知識の豊富な教職員を教育相談コーディネーターとして明確に位置づけ、個別支援チームのコーディネートとシステムのコーディネートの活動を通して体制を整備することが重要となる。

(田中希穂)

第5節　進路指導とキャリア教育

1．進路指導

　この書物の読者は「進路指導」という言葉になんらかのイメージをもっているだろう。それは中学時代に進学について、あるいは高校生の時、進路について先生に相談していた自分の姿かもしれない。その教員の行為は、紛れもなく進路指導の職務の一端である。そして、特定大学への入学者数や入学試験の内容等、進路指導の職務の表面化した部分がマスコミ等で取り上げられることも多い。進路指導は世間から注目される仕事でもある。

　しかし、学校の進路指導はそのような華々しいものではない。大半は地味で目立たないものである。本節では進路指導とはどのような校務なのか、とくに近年取り上げられることの多いキャリア教育との関係も含めて説明する。

　学校には校長を組織上の責任者として、多様な校務分掌がある。その中に進路指導を担当する部門がある。その総括責任者が進路指導主事である。この制度が設けられたのは1953(昭28)年である。これは文部省令第25号「学校教育法施行規則の一部を改正する省令」で職業指導主事という職名で最初は出発した。これには「職業指導主事は教諭を以てこれにあてる。校長の監督を受け、生徒の職業指導をつかさどる。」と記されている。この省令が施

行された当時、高校進学率は50％以下の時代であり、中学生の多くは卒業後すぐに就職した。そのため職業指導のベテランの教員を配置して、校内の体制を整える必要があった。その後、日本社会の急速な経済成長により、高校への進学希望者が増加し1974（昭49）年には90％を超えた。中学校卒業生の主たる進路先は、高校となった。そして、高校卒業生の進路先は就職が中心となる。1971（昭46）年に文部省令の改訂により職業指導主事という職名が進路指導主事と変更された。それまでの職業指導（vocational guidance）が進路指導（career guidance）となった。これは就職する生徒に焦点化した職業指導でなく、多様な進路にむけて幅広く生徒を指導するという視点から進路指導の名称に変更されたのである。

　2007（平19）年、新規高卒生の大学等への進学者数が就職者数を超し、高校卒業生の主たる進路先は就職から大学等への進学へと変わる。2017（平29）年3月新規高卒生の就職者は約20％になる。多くの生徒にとって目先の進路先は大学等であり、就職は先の問題であるとする意識が強くなる。その結果、大学等の卒業を目前にして初めて職業問題に直面し戸惑う学生も増加した。7：5：3と言われ、離職率が就職後3年で中卒者は70％、高卒は50％、大卒者でも30％以上となる事実は改めて職業の問題について考えさせられる現象であった。問題は就職そのものでなく、職業を全く意識せずに卒業まで来た学生の問題である。そこで、2008（平20年）年の学習指導要領の改訂により小学校から大学を通して自分の進路を人生という長いスパンで捉えられるよう、職業の問題について視点を当てた教育の重要性が示された。これがキャリア教育である。この職業指導、進路指導、キャリア教育の違いについて整理したい。これは後者になるほど幅広い概念として捉えられる。職業指導は就職を控えた生徒等に、具体的な職業選択も含めて就職先を決めるのを指導相談や援助する職務である。それに対して進路指導は職業指導も含んだより幅の広い概念であり、「進学・就職・その他の道も含めて、生徒等により適した進路先を決定するのを指導相談・援助する職務である」と定義することができる。

　一方でキャリア教育はさらに幅広い概念として捉えられる。これは進路指導も包括しており、生徒等に対して「人のあり方・生き方」も含め人生の中

で、職業の社会的、個人的、経済的な意味を考えさせることを目指した教育である。2004(平16)年にまとめられた「キャリア教育に関する総合的調査協力会議報告書」では「進路指導は、生徒が自らの生き方を考え、将来に対する目標を持ち、自らの意思と責任で進路を選択決定する能力・態度を身につけることができるよう指導・援助することである。定義としてはキャリア教育との間に大きな差は見られず、進路指導の取組みはキャリア教育の中核をなすということができる。」としている。進路指導は中学校と高校での活動であるが、キャリア教育は就学前教育から大学等さらには生涯に亘り幅広く適用される。キャリアの語源は「轍」であり、車の通った後の道筋から派生して「道路、進路、人生」など多様に使用されている。学校教育では中学校では、特別な教科「道徳」、特別活動や総合的な学習の時間、さらには教科指導の中でもキャリア教育の実践はできる。高校では特別な教科「道徳」以外の3分野で実践できる。学校現場での生徒を対象にした進路指導の実務としては以下の点があげられる。

(1) **生徒が自分の進路、適性について理解するのを指導・援助する。**

これは自己理解といわれるものである。人には多様な能力や適性がある。本人も気づいていないものもある。現代日本のように同世代の若者の多くが高校、大学と同じような進路を歩む社会では、「偏差値」という尺度を過大評価あるいは無視する生徒もいる。また、自分を客観化・相対化することを避けようとする生徒もいる。このような生徒たちに進路相談や適性検査などを通して自己理解の深化を図ろうとするものである。

(2) **生徒がさまざまな情報活動を有効に活用、理解できるように指導・援助する。**

生徒の周辺には多くの進路に関する情報があふれている。それらの情報は生徒にとって有用なものばかりではない。現代社会においては自分に必要な情報はなにか選択できる能力が求められる。必要な情報の収集と選択はどのようにするのか、その力を高め生徒の進路問題に対応できる能力を育てることである。

(3) 生徒の職業観、勤労観を育てる。

　仕事とはどのようなか活動なのか、働くことの意味はなにか、学級（高校ではHR）活動や学校行事を通じて啓発的な指導・援助を生徒に行い、多くの人々の仕事により自分たちの生活が成立していることを理解させ、働くことを肯定的に捉えることができる生徒を育てようとする教育活動である。インターンシップ、就業体験などの活動もその一例である。

(4) 生徒が自分の進路を決定できるよう指導・援助する。

　学校全体として生徒が自己理解も含め、進路決定ができるよう具体的に活動する取組みである。学校現場の実務として教員が時間を割くことの多い分野である。進学や就職などの説明会、不合格になった生徒の指導、親権者との相談会がある。とくに就職する生徒の少ない学校では担当教員のきめの細かい指導・援助が必要である。

(5) 生徒が決定した進路先に適応できるよう援助する。

　生徒の主たる進路先は高校や大学等、あるいは就職である。とくに就職の場合は3年以内に中学で70％、高校で50％の生徒が離職している。離職理由もきちんとした労務管理がなされていたのかも含め、生徒の立場に立って行う相談も進路指導の重要な職務である

　以上述べたように進路指導の職務は多岐に亘る。大別すると高校では進路指導に関する年間指導計画等は、各分掌の代表者からなる進路委員会で行い、実際の業務や調査書の発行などの実務は進路指導主事が総括する部署が担当する。中学校の場合は学年担任団として取り組む場合が多い。一方で学級（高校ではHR）の指導は学級担任（以下担任と略す）が中心となる。年間の学級活動の時間数は35回あるが、進路指導にとりくむ時間として7～8回は確保したい。

　個々の生徒に対しては個人面談、親権者も含めた三者面談等、卒業年次の担任は多忙をきわめる。新任の教員が卒業年次の担任を任されることは少ないと思うが、いずれは担当しなくてはならない。教員として進学や就職で不

合格になった生徒指導をするのは辛いことである。しかし卒業した生徒が社会で活動している姿を見て喜びをかみしめることができるのも担任である。教員の多くは教職以外の仕事に従事したことのない人も相当数いると予測されるので、次項で進路指導の実務の中でも難しいと言われている就職指導、進路保障の問題と学級での進路指導の3点に焦点を絞り説明する。

2．就職指導と進路保障

　中学や高校の現場で、教員が神経を使うのは就職問題である。文科省の統計によれば2015年（平27）年3月に中学を卒業して就職する生徒は0.4％、高校の場合は約17.8％であり多数は進学である。

　しかし少数ではあっても就職希望の生徒は、現代日本社会では経済的、社会的に恵まれない生徒が多い。進学希望の生徒以上に教員はきめ細かく生徒に関わる必要がある。一般に好景気の年には就職は早く決定する。高校の場合は9月中旬が就職選考の解禁日であるが10月中旬には希望者の全員が内定する年もあれば、卒業が近づいても就職先が決まらない生徒がいる年もある。前者の場合は事業所の早期選抜が問題になるし、後者の場合は選考過程での問題が増加する傾向にある。この選考の問題では、本人の能力や適性と関係のない家庭状況などの属性的な事項で不合格になる事例が過去には生じている。就職希望の生徒はこの現実にショックを受け立ち直れない生徒もいる。この本人の責でない理由で労働市場から締め出される生徒の問題を解決し、その進路を保障したいとする教員や、教育行政の担当者をはじめとする多くの人々の取組が進路保障の問題をクローズアップさせた。

　進路保障の問題は、近代社会における職業選抜の原理を理解しておく必要がある。先進校と呼ばれる国々において、職業の選択に関して性、身分、家柄等、本人の能力や適性と関係のない属性により行われていた時代から、本人の能力や適性により就職希望者を選抜する社会への移行が近代化であるとして捉えられている。イギリスの社会学者ヤング（M.D.Young）は、家柄や門地など本人が「何であるか」を問うことで社会的な支配が確立していた時代、すなわち属性主義（Aristocracy）に対して業績主義（Meritocracy）の用語を生み出した。業績主義とは、本人が「何ができるか」に重きを置いた社

会である。現在の日本社会では憲法第14条（法の下の平等）に「すべて国民は、法の下に平等であって、人種、信条、性別、社会的身分又は門地により、政治的、経済的、社会的関係において差別されない。」と明記されている。この精神に立って生徒の就職支援を行う必要がある。全日制の高校を例にして生徒の応募から収束先の決定までを示すと表3-1のようになる。

このなかで「統一用紙」というのが進路保障の問題を理解する上で重要である。これは新規高卒就職希望者が求人事業所に対して応募するときの用紙が全国的に統一されたことから「統一用紙」と呼ばれるようになった。

しかしこの用紙で就職選考に応募できるようになるまでには関係者の何年にもわたる努力がある。この用紙が決定されるまでは、応募者が各事業所の指定する応募用紙に直接記入していた。また、担任や進路指導の担当教員が、事業所の指定した用紙に生徒や家庭に関わる事項を記していた。それには、本人の責ではない親の職業、収入、自宅は借家か持家か、なかには間取りまで記入させる事業所もあった。とりわけ本籍地を記入させることが同和地区の生徒を就職から締め出すことになり、学校の成績も優秀で人物も問題のない生徒が不合格になるといった事例が相当数の府県で発生していた。この状況を打破したいと近畿地区の進路指導担当者が集まり、1966（昭44）年から本人と関係のない事項で不合格にならないよう事業所の社用紙に、属性的事項を記入する欄があっても、不記載で事業所に応募するようにしたのが「統一用紙」の生まれる先駆けとなった。

その後1971（昭46）年に近畿地区の就職応募用紙として統一されたものが決定された。事業所により異なっていた応募書類を統一し属性的な事項の記入欄をなくしたものである。同年6月には文部省も「高等学校の就職応募書類の書式統一について」という通知を出している。最終的には1973（昭48）年より全国的に統一した形式で応募用紙が統一されるようになった。ただ、これだけですべてが終わったのではなく、その後の面接などの選考においても、本人の能力や適性を判断する視点から行われているか、生徒の受験報告書などから進路指導担当者は点検をし、問題があれば労働行政や事業所に問題点を改めるようにする営みが生徒の進路保障につながる。

3．学級(HR)活動での進路指導

進路指導の母体となる集団は学級(高校ではHR、以下この項では学級と略す)である。その活動は40人程度の生徒を対象とする集団指導である。進路指導の内容から見れば指導上の課題は全生徒に共通であるが、個々の問題は、それぞれの生徒にとって自分の在り方・生き方に関わっている。そのため集団指導と個別指導をうまくかみ合わせて指導する必要がある。個別指導は集団指導の目的をより徹底することである。本項ではすべての生徒が将来は就職することを念頭に、生徒の主体的な選択能力を育てる視点から集団指導と個別指導を捉えてみたい。

生徒は漠然と進学したい、就職したいなどの「夢」を持っている。それを具体化させるまでには以下のプロセスがある。

① 職業の世界、産業構造の変化など現代日本の社会について学習する。学年集会や学級での講演や社会で活躍している卒業生等の話を聞く機会を設ける。

② 学級の生徒をグループ分けして、一定の職業分野に進むための方法や必要な資格等について学習する。これは情報の収集と活用の訓練になる。共

表3-1　就職希望者に対する指導日程

日程	指導内容
4月	進路希望調査、職業適性検査の実施、前年度就職生の追跡調査
5月	職業安定所との業務連絡会、進路説明会、個人相談
6月	就職模擬試験の実施、就職説明会、保護者懇談会
7月	求人受付開始、求人票の見方、応募書類(統一用紙)の説明、受験心得の説明会
8月	求人票の公開(ネットも含む)、職場見学、受験事業所の選択、校内推薦委員会
9月	応募書類の点検と発送、模擬面接、採用選考開始、受験報告書(生徒)提出
10月	内定者の承諾書発送、未定者の指導、職業安定所との業務連絡会
11月	採用未定者の指導、受験先の確保
12月／1月	進路変更生徒の指導、保護者懇談会
2月	入社までの指導
3月	入社日の確認と指導

注)全日制高校で比較的就職希望者の多い学校の3年次の計画であるが、定時制の場合もこれに準じる。

通の希望者が多い場合は集団指導となるし少ない場合は個別指導になる。インターンシップ、就業体験などを活用する道もある。
③　各種の職業適性検査やレディネステストを活用し生徒が自己理解を図る。結果を参考に個人指導を行う。テスト結果は進路指導の一資料である。
④　進路に対して現実の壁はどのようなものなのか理解する。希望通りの進路選択はできないことの方が多い。しかし、それにアプローチする方法は多様であることを学習しておく必要がある。教員は進路選択の基礎的理論（特性・因子理論、精神分析理論、職業発達理論等）を理解しておく必要がある。

　教員か各教科指導の準備をすることは当然のことであるが、進路指導は個々の生徒にとって将来の自分の生き方ともつながる重要な問題であることを認識しておかねばならない。

（伊藤一雄）

第3章 教員の職務と校務分掌

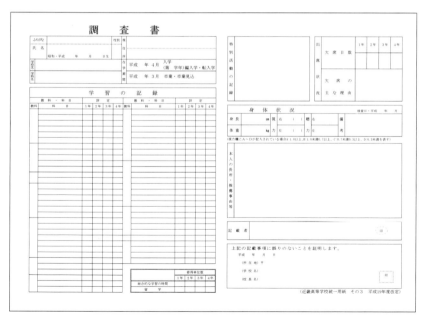

参考文献等

佐藤晴雄　『教職概論　第4次改訂版』学陽書房　2015年
山口健二・髙瀬淳　『教職論ハンドブック』ミネルヴァ書房　2011年
佐久間裕之　『教職概論』玉川大学出版部　2012年
中央教育審議会　『チームとしての学校の在り方と今後の改善方策について（答申）』　文部科学省　2015年
文部省　『学校教育法施行規則等の一部を改正する省令の施行について（通知）』　2000年
文部科学省　『生徒指導提要』教育図書　2010年
日本生徒指導学会　『現代生徒指導論』学事出版　2015年
諸富祥彦　『新しい生徒指導の手引き』図書文化　2013年
坂本昇一　『生徒指導の機能と方法』文教書院　1990年
大橋忠司　『いじめの未然防止の発想に立った学級づくりと特別活動（学級活動）』同志社大学『教職課程年報　第5号』2015年　63 ～ 75頁
国立教育政策研究所　『生徒指導リーフ　生徒指導って何？ Leaf.1』2011年
国立教育政策研究所　『生徒指導リーフ　「絆づくり」と「居場所づくり」Leaf.2』2015年
国立教育政策研究所　『生徒指導リーフ　「教育的予防」と「治療的予防」Leaf.5』2015年
国立教育政策研究所　『いじめについて、正しく知り、正しく考え、正しく行動する。』2015年
国立教育政策研究所　『生徒指導リーフ増刊号　いじめのない学校づくり Leaves.1』2015年
京都市教育委員会　『生徒指導ハンドブック』2015年
石隈利紀　『学校心理学　教師・スクールカウンセラー・保護者の知0無による心理教育的援助サービス』　誠信書房　1999年
嶋崎政男　『教育相談基礎の基礎』　学事出版　2001年
瀬戸美奈子・石隈利紀　「中学校におけるチーム援助に関するコーディネーション行動とその基盤となる能力および権限の研究―スクールカウンセラー配置校を対象として―」『教育心理学研究』、51, 378-389. 2003年
中央教育審議会　『幼児期からの心の教育のあり方について（答申）』　文部省　1998年
教育再生実行本部（チーム学校部会）　『第四次提言』　自由民主党　2015年
文部省　『日本における学校教育の再編成』　1948年
文部省　『生徒指導の手引き（改訂版）』　1981年
文部省　『学校における教育相談の考え方・進め方　中学校・高等学校編』　1990年
文部科学省初等中等教育局児童生徒課　『学校における教育相談に関する資料』　文部科学省　2015年
文部科学省　『中学校学習指導要領』　2017年

第4章　教員の研修と服務

第1節　教員の資質能力

　教員の仕事は成長発達段階にある幼児・児童・生徒（本章では以下生徒等と略す）を「望ましい」人間に育てることにある。どのような人間が「望ましい」のか教員はそれに応えなければならない。

　その基準は、教育基本法第1条の「教育の目的」に「教育は人格の完成を目指し、平和で民主的な国家及び社会の形成者として必要な資質を備えた心身共に健康な国民の育成を期して行わなければならない。」と記されている。この法律が制定されたのは1947（昭22）年である。その後2006（平18）年に一部改訂されたが、目的は今日に至るも変更されていない。この目的を実現するため第2条に目標が設けられた。そこには「その目的を実現するため、学問の自由を尊重しつつ、次に掲げる目標を達成するよう行われるものとする。」とされ、以下の5項目が掲げられている。

1　幅広い知識と教養を身に付け、真理を求める態度を養い、豊かな情操と道徳心を培うとともに、健やかな身体を養うこと。
2　個人の価値を尊重して、その能力を伸ばし、創造性を培い、自主及び自立の精神を養うとともに、職業及び生活との関連を重視し、勤労を重んずる態度を養うこと。
3　正義と責任、男女の平等、自他の敬愛と協力を重んずるとともに、公共の精神に基づき、主体的に社会の形成に参画し、その発展に寄与する態度を養うこと。
4　生命を尊び、自然を大切にし、環境の保全に寄与する態度を養うこと。

5 伝統と文化を尊重しそれらを育んできた我が国と郷土を愛するとともに、他国を尊重し、国際社会の平和と発展に寄与する態度を養うこと。

さらに、第9条には「法律に定める学校の教員は、自己の崇高な使命を深く自覚し、絶えず研修と修養に励み、その職務の遂行に努めなければならない。」とされ、同2項では、「前項の教員については、その使命と職責の重要性にかんがみ、その身分は尊重され、待遇の適正が期せられるとともに、養成と研修の充実が図られなければならない。」となっている。この教育基本法の求める人材を育成するために、教員に求められる資質能力とはどのようなものなのか。これは中央教育審議会の第三次答申が参考になる。答申では教員の資質能力を2点に分けて説明している。

1点目は時代が変わっても変化しない教員に求められる能力資質である。これは下記の5点に集約される。

1 教育者としての使命感があること。
2 人間の成長・発達に対して深い理解のあること。
3 幼児、児童、生徒に対する教育的愛情、教科等に関する専門的知識があること。
4 広く豊かな教養のあること。
5 1〜4を基盤とした実践的能力のあること。

2点目は今後特に求められる資質能力として、以下の3点を揚げている。

1 地球的視野にたって行動できる資質能力がある。
　地球、国家、人間等に関する適切な理解、豊かな人間性、国際社会で必要とされる基本的資質能力を身に付けている。
2 変化の時代に生きる社会人に求められる資質能力がある。
　課題探求能力など、円滑な人間関係能力及び社会変化に適応するための知識及び技能を習得している。
3 教員の職務から必然的に求められる資質能力がある。
　幼児、児童、生徒や教育の在り方に関する適切な理解、教職に対する愛着、誇り、一体感及び教科指導、生徒指導等のための知識、技能、態度を有している。

いずれにしても望ましい教員像とは生徒等、保護者、地域の人々の3者か

ら信頼される教員であれば問題はない。しかし、現実は簡単でない。その中でも生徒等から信頼される教員であることがなにより大切である。そのためには教科の指導力、生徒等に対する指導力に加えて、子どもたちと心を共有できる「人間力」が必要である。教育という営みはすぐに効果が現れるものではない。最近の日本社会は、即効性を求める傾向があるが、卒業して10年、20年たっても子どもたちの心に残る「いぶし銀」のような教員が少なくなっていると思うのは筆者だけであろうか。壺井栄の作品「二十四の瞳」が、時代を超えてなぜ人々の心を打つのか考えてほしいことである。

第2節　教員と研修

　教員は「学び続ける人」になってほしいと第1章で述べた。学び続けるとは研修を怠らない教員である。研修については教育公務員特例法の第4章に詳しく記されている。まず第21条には「教育公務員はその職責を遂行するため、絶えず研修と修養に努めなければならない。」とされ、同2項で「教育公務員の任命権者は、教育公務員の研修について、それに要する施設、研修を奨励するための方法、その他研修に関する計画を樹立し、その実施に努めなければならない。」としている。また、研修の機会についても同22条に以下のように3点が示されている。
　1　教育公務員には研修を受ける機会が与えられなければならない。
　2　教員は授業に支障のない限り、本属長の承認を受けて、勤務場所を離れて、研修を行うことができる。
　3　教員公務員は任命権者の定めるところにより、現職のままで、長期にわたる研修を受けることができる。
　留意しておくことは夏期休業日のような場合にも、勤務を要する日には出校して勤務するか、本属長の命令もしくは承認によって勤務場所を離れて勤務(たとえば研修会の参加、自宅での研修等)すべきである。これらの場合は、もとより勤務扱いとなるが、その他の場合には休暇の承認を受けるなどの手続きをとるべきである。これは昭和49年の札幌地裁の判決等がある。安易な

表4-1　教員研修の実施体系

	1年目　　5年目　　10年目　　15年目　　20年目　　25年目　　30年目
国レベルの研修	(各地域で学校教育において中心的な役割を担う校長、教頭等に対する学校管理研修) 　　　　　　　　　　　　　　←　　中堅研修　　→ 　　　　　　　　　　　　　　　　　←　校長・教頭等研修　→ 　　　　　　　　　←　　事務職員研修（小中高等学校）　　→ 　　　　　　　←　海外研修（3か月以内、6カ月以内）　→ (喫緊の重要課題について地方公共団体が行う研修等の講師や企画・立案を担う指導者を養成するための研修) 　　　　　　←学校組織マネージメントや国語力向上に向けた教育の推進のための 　　　　　　　指導者養成研修等・教育課題研修の海外研修プログラム（2週間）→
都道府県等教委	(法定研修) 初任者研修　　10年目研修 (教職経験に応じた研修) 　　　　　　　　　5年経験者研修　　　　　　　　20年経験者研修 (職能に応じた研修)　　←　　生徒指導主事研修など　　→ 　　　　　　　　　　　　←　新任教務主任研修　→ 　　　　　　　　　　　　　　　←　教頭・校長研修　→ (長期派遣研修) 　　　　　←　民間企業等への長期派遣研修　→ (専門的な知識・技術に関する研修) 　　　　←　教科指導・生徒指導等に関する専門的研修　　→
市町村教委等	(市町村教委・学校、教員個人の研修) ←　　市町村教育委員会が実施する研修　　→ 　　　　　校内研修、教育研究団体グループが実施する研修 　　　　　教員個人の研修

出所　中央教育審議会資料(2009)「教員研修の実施体系及び初任者研修についての調査」
国レベルの研修は教員研修センターが実施するものである。

判断はしないようにしたい。

　この研修には大別して2点に分けられる。1点は職務として行わなければならない職務研修である。この研修には国レベルの研修と都道府県や市町村の教育委員会などが行う研修である。さらに各学校が独自に行う研究会などの研修である。もう1点は教員が自主的に行う研修である。職務研修の主たる内容が表4-1に示してある。

　国レベルの研修は教員のリーダーとなる人材を養成するための研修であり、都道府県や指定都市の中核となる校長、教頭などの育成及び教員がその中心である。中央研修講座と称され、講座の内容は学校管理から教科指導、生徒指導など多様である。この研修は全国から選ばれた教員が、数日から数週間まで時間をかけ宿泊を伴い共同して研修を受ける。その他、緊急を要する課題が生じた場合に行われる。

　地方レベルの研修は、各都道府県や指定都市の教育委員会が基軸となって行う研修である。教育公務員特例法には、法定研修として初任者研修、10年目研修、指導改善研修などがある。内容は教科指導、生徒指導など専門的知識を得る研修である。指導改善研修というのは、生徒等に対する指導が不適切であると任命権者が認定した教諭などに対して、その教諭の能力、適性などに応じて指導の改善を図るために設けられたもので、一般の教員は受ける必要のない研修である。

　初任者研修というのは、教諭として採用された日から1年間、教諭としての職務に必要な事項に関して実践的な研修を行うものである。研修の内容は校外研修と校内研修がある。校内研修の場合は授業研究が多いが、校外研修の場合は内容が多様である。全国の都道府県、指定都市、中核都市の教育委員会に対して2015（平成27）年度行われた研修内容のテーマを表4-2に示す。研修の実施項目の中で90％の委員会が実施している項目を学校種別に記載した。生徒指導、公務員倫理についての研修がすべての教育委員会に共通している。

　10年目研修というのは、勤務年数が10年に達した教諭を基準として、個々の教諭の能力、適性に応じて教員としての資質の向上を図るために必要な事項に関する研修を行うものである。現実には3年目、5年目研修などがあり職務としての研修形態は整っているとみてよい。問題は研修内容である。研

表4-2　2015年度　90％の教育委員会が実施している初任者研修のテーマ

研修項目	小学校 (110教委中)	中学校 (109教委中)	高等学校 (68教委中)	特別支援学校 (67教委中)	中等教育学校 (5教委中)
教科指導	108		64	64	63
道徳教育	105	104			
生徒指導・教育相談	106	106	64	64	63
いじめ防止	101	100			
特別支援教育	106	104	63	64	64
公務員倫理・服務	104	103	64	64	63
学級(HR)経営	102				

修というのは学ぼうとする本人の意欲が大切である。指示、命令されたのでやむなく参加するといった状況では効果が上がらない。この研修内容をどう生かし、現場で生かしていくかが今後の課題である。

　一方で本来研修というのは自主的なものである。日常の校務をこなしながら自分の興味、関心の深い問題について研修を深めることは、生徒等の成長にとっても好ましい影響を与える。授業中の教員のなにげない話から触発される生徒等も多い。教員の日頃の研鑽の深さが生徒の人生に影響することもある。研修とは「学び続けること」である。

第3節　教員の服務と身分保障

　教育基本法第9条には「法律に定める学校の教員は、自己の崇高な使命を深く自覚し、絶えず研修と修養に励み、その職責の遂行に努めなければならない。」と記されている。

　教員の多くは地方公務員である。本節でも地方公務員である教員を念頭に説明するが、服務というのは公務員がその職責を遂行する上で服さなければならない仕事のすべてのことである。これは地方公務員法や教育公務員特例法により細かく定められている。私立学校の教員は、公務員関係法の直接の適用は受けないが、教育基本法に定められた「法律で定められた学校」の適用は受ける。「法律で定められた学校」とは第1章で述べた1条校のことで

あり幼稚園、小学校、中学校、義務教育学校、高等学校校、中等教育学校、特別支援学校、大学及び高等専門学校である。そのため労使間で公務員に準ずる労働協約が結ばれるのが通例である。不明な箇所は公務員に準ずるとみてよい。

1．服務の根本基準

　服務の根本基準は地方公務員法第30条に「すべて職員は、全体の奉仕者として公共の利益のために勤務し、且つ、職務のすべてに当たっては、全力をあげてこれに専念しなければならない。」と定めてある。加えて教員という職務については、教育公務員特例法に一般の公務員と異なる服務が定めてある。それは教員の職務は成長発達段階にある生徒等の教育を担っているからである。判断能力の成熟していない生徒等の対応には公平、公正に職務を遂行することが強く求められるからである。以下に教員としての服務を職務上と身分上に分けて説明する。

2．職務上の服務

(1)服務の宣誓

　教員は任用に当たり服務の宣誓をしなくてはならない。この様式は各都道府県により多少の差はあるが、提出先は任命権者である各都道府県や指定都市等の教育委員会になる。辞令交付式または着任式の時に宣誓するのが一般的である。地方公務員法第16条には、一般の事業所とは異なり、宣誓は国民全体に奉仕する立場を明確にするために行われる。以下に該当する場合は公務員として選考を受けることはできない。

1　成年被後見人又は被保佐人
2　禁固以上の刑に処せられ、その執行を終わるまで又はその執行を受けなくなるまでの者
3　当該地方公共団体において懲戒免職の処分を受け、当該処分の日から2年を経過しない者
4　人事委員会又は公平委員会の委員の職にあって第60条から第63条（罰則内容が記されている）に規定する罰を犯し処せられた者

5 日本国憲法施行の日以後において、日本国憲法又はその下に成立した政府を暴力で破壊することを主張する政党その他の団体を結成し、またはこれに加入した者

(2)法令等及び上司の職務上の命令に従う義務

　地方公務員法第32条に「職員は、その職務を遂行するに当たって、法令、条例、地方公共団体の規則及び地方公共団体の機関の定める規定に従い，且つ、上司の職務上の命に忠実に従わなければならない。」と定めてある。教員はこの意味を十分理解しておく必要がある。この条文は以下の２点に集約できる。

　a　法令等に従う義務

　教員が守らなければならない法律類は憲法、教育基本法、学校教育法、教育公務員特例法などの法令から各地方自治体の条例、規則まで多くある。教員は日常業務においてはこれらの法令類を意識することは少ないが、教育行政は法治主義であることを理解しておく必要がある。その中でも、学校管理規則は現場の教員にとっては身近なものであるので要点を記しておく。この内容は法令や条例に違反しない範囲で、教育委員会が管理する学校等の教育機関の基本的事項について、必要な内容を教育委員会規則として定めたものである。これは、教育行政は本来、国や地方の行政から独立して公正に行うため、法や条例で教育内容に関わる問題には、関与しない中立性を保つために設けられたものであるとみるのが妥当である。現場の教員の自由な教育活動を妨げるものではない。

　b　上司の職務上の命に従う義務

　学校において一般の教員の上司に当たるのは校長(幼稚園は園長)、副校長(幼稚園は副園長)、教頭である。職務上の重要な命は文書でなされるが、通常業務は口頭で行われることが多い。これも職務命令の一種である。留意しておくことは、職務上の命に従う義務があるのであって、大分地裁が1953(昭33第一審刑集１-1152)で示したように「上司の命であっても、法令の範囲でこれに服従する義務があるのであって、これに逸脱した命令である限り服従する義務はない。」と明確に判断を示している。明らかに社会通念に違

反していると捉えられる内容に関しては、場合により問題を関係機関に告発する必要もある。公務員は全体の奉仕者であることを忘れてはならない。

(3)職務に専念する義務

「職務に専念する義務」とは地方公務員法第35条に「職員は、法令又は条例に特別の定めがある場合を除く外、その勤務時間、職務上の注意力のすべてをその職責遂行のために用い、当該地方公共団体がなすべき責を有する職務にのみ従事しなければならない。」と記されている。教員の場合は教育公務員特例法により、職務に専念する義務が免除される場合が示されている。以下に主な内容を整理する。

1　教員は授業などに支障がないと本属長（一般には校長）が認めた場合は、勤務場所を離れて研修（例えば教員研修会への参加、自宅研修など）することができる。これ以外は夏期休業中で生徒等が登校しない期間でも出勤しない場合は、休暇届などを提出し勤務でないことを明確にしておく必要がある。

2　教育公務員（一般には教員に加えて校長、指導主事などが含まれる。）は任命権者の許可により現職のままで長期の研修を行うことができる。

3　教員は専修免許状を取得する目的で大学院の課程等に在学する場合は、3年を超えない範囲で休業することができる。この場合は現職の教員としての身分は保障されるが、給与は支給されない。

3．身分上の服務

教員はその身分上において以下にしめす5点の服務がある。

(1)信用失墜行為の禁止

地方公務員法第33条に「職員は、その職の信用を傷つけ、又は職員の職全体の不名誉となる行為はしてはならない。」とされている。この条文は、公務員は国民全体に奉仕する立場にあるという立場から、一般の国民以上に高い倫理性、道徳性が要求されているとみてよい。とりわけ教員は成長発達段階の生徒等の教育に従事する専門職である。勤務中はもちろん私生活においても要求される倫理的水準は高いといえる。「その職を傷つける。不名誉な行為を行う。」というその内容は種々あるが、同法第29条に懲戒処分の基準

が記されている。その内容は、程度に応じて戒告、減給、停職又は免職がある。この懲戒処分の性質について昭和52年の最高裁の判例で「公務員に対する懲戒処分は当該公務員の職務上の義務違反、その他単なる労使関係の見地においてではなく、国民全体の奉仕者として、公共の利益のために勤務することをその本質的な内容とする勤務関係において、公務員としてふさわしくない非行がある場合に、その責任を確認し、公務員関係の秩序を維持するため、科される制裁である。」とされ、その裁量処分性については最高裁（平２）で「その処分が全く事実上の根拠に基かないと認められる場合であるか、若しくは社会通念上著しく妥当を欠き、懲戒権者に任された範囲を超えるものと認められる場合を除き、懲戒権者の裁量に任される。」となっている。

(2) 秘密を守る義務

地方公務員法第34条に「職員は、職務上知りえた秘密を漏らしてはならない。その職を退いた後も、また、同様とする。」と規定してある。一般には「守秘義務」と略して使用されている。ここで問題となるのは、なにが秘密に当たるのかということである。これは1955（昭30）年に自治省公務員課長から解釈が示されている。これによると「秘密とは一般に了知されていない事実であって、それを一般に了知せしめることが、一定の利益の侵害になると考えられるものをいう。」と説明し、さらに、その内容を「職務執行上知りえた秘密」と「職務上の所轄に関する秘密」に分けている。教員についていえば、前者は生徒等の家庭状況、学業成績などがそれに当たる。後者は自分の勤務する学校に関する情報である。いずれにしても、教員はその職務に従事しなければ知りえない秘密を知る機会が多い。不用意な発言が保護者や生徒等に不利益をもたらすこともある。心して勤務しなければならない。

(3) 政治的行為の制限

公務員は憲法第15条２項に「すべて公務員は全体の奉仕者であって、一部の奉仕者ではない。」と明記され、教育基本法第14条では「良識ある公民として必要な政治的教養は、教育上尊重されなければならない」と記されている。また、その２項で「法律に定める学校は、特定の政党を支持し、又はこ

れに反対するための政治教育その他の政治的活動をしてはならない。」として
いる。より具体的には地方公務員法第36条にその内容が記されている。要
約すれば教員も含む公務員は

　1　職員は政党その他の政治団体の結成に関与してはならない。またその団体
　　の役員、構成員なってはならない。また政治団体への勧誘活動をしてはなら
　　ない。
　2　職員は特定の内閣、若しくは特定の地方公共団体の執行機関、を支持ある
　　いは反対するための政治的行為をしてはならない。
　3　職員は特定の政党を支持あるいは反対する政治的行動をするよう職員に求
　　めたり、そそのかしたり、あおったりすること、あるいはしないことの代償
　　として、任用、職務、給与、職員の地位に対して利益、不利益を与えようと
　　企てたり、約束してはならない。

とされている。より具体的には「公の選挙又は投票で特定政党や個人に投票
するようあるいはしないよう勧誘する。署名活動の企画，主催等に積極的に
関与する。寄付金、その他金品の募集に関する事を行う。文書等を公共団体
の施設に掲示する。」こと等があげられる。

　これらの法令は公務員の中立性を保持するために設けられたものである。た
だ、公務員といえども国民の一員であるから、公人として、職務を離れた一私
人としての政治的行為まで禁止されているわけではない。職務上の立場を利
用した政治的行為は法に触れるということを教員は理解しておく必要がある。

(4)争議行為等の禁止

　憲法第28条で「勤労者の団結する権利、団体交渉その他の団体行動をする
権利はこれを保障する。」となっている。一般に団結権、団体交渉権、争議
権と呼ばれている三権である。

　また、労働条件の決定は労働基準法第2条に「労働条件は労働者と使用者
が対等で決定すべきものである。」とされている。この一般の労働者に保障
されている労働三権は公務員の場合は全体の奉仕者であるという観点から一
部制限されている。地方公務員法第52条に「職員がその勤務条件の維持改善
を図ることを目的として職員団体（一般には組合と称している。）を結成する

ことができる。」とされている。教員もこの職員団体を結成し、以下に示す一定の条件下で交渉を行うことが認められている。内容は「地方公共団体の当局は職員の給与、勤務時間、その他の勤務条件に関することやこれに付帯した社交的又は厚生的活動を含む適法な活動事項については職員団体と交渉ができる。」としている。

問題は争議権であるが、同法37条1項に「職員は地方公共団体の機関が代表する使用者としての住民に対して同盟罷業、怠業その他の争議行為をしてはならない。又何人も、そのような違法な行為を企て、又はその遂行を共謀し、そそのかし、若しくはあおってはならない。」と定めてある。

(5)営利企業等への従事制限

公務員が営利事業等を営むことについては地方公務員法第38条で職員は、任命権者の許可を受けなければ、営利を目的とする私企業その企業の団体の役員を兼務したり、報酬を得て事業や事務などに従事してはならないと定めてある。

ただ、教員の場合は教育公務員特例法の第17条で、教育公務員は「教育に関する他の職を兼ね、又は教育に関する事業若しくは事務に従事することが本務の遂行に支障がないと任命権者において認める場合には、給与を受けるあるいは受けないでその職を兼ねることができる。」としている。この場合は地方公務員法第38条に定められた条項は適用されない。教員の場合は大学教員等で必要な専門分野の人材が当該大学で得られない場合に非常勤講師として他大学に出講を依頼する場合等が相当する。高校でも全日制課程の教員が定時制課程の授業を兼務する場合等がこれにあたる。任命権者である教育委員会により「本務に支障のない限り」の判断に多少の差があるが、教員の場合は一般職の公務員より他職への従事制限は教育に関する職である限りにおいて緩やかであると見てよい。

また、教員の場合は寺院の住職等を兼務している場合が多いが、これについては「職員の寺院の住職（昭26.6.20、地自公発204公務員課長）」の通達により、職員が寺院の住職を兼ね、葬儀、法要等を営む際、布施、その他の名目により事実上当該職員に収入がある場合でも、その収入は営利企業等で得

る報酬とは捉えられないので、営利企業等への従事制限には当たらないと解されている。

4．公務員の身分保障と不利益救済

教員の身分は教育基本法第9条2項で「教員はその使命と職責の重要性に鑑み、その身分は尊重され、待遇の適正が期されるとともに、養成と研修の充実が図られなければならない。」と定められている。一般の公務員は採用されて6か月間は「条件付き採用期間」であり、その間に公務員として職務を良好な成績で遂行した時に正式採用となる。

しかし、教員については教育公務員特例法第12条で、公立の幼稚園、小学校、中学校、義務教育学校、高等学校、中等教育学校、特別支援学校等の教諭の場合は条件付き採用期間が1年となっている。これは学校運営が1年を単位として計画、実施されており、6カ月で採用が切れ採用されないという問題が生じたとき生徒等に与える影響が大きく、学校運営に支障が生じるためである。教員として正式採用になった後でも、服務違反等に相当する事実があった場合は、懲戒処分や分限処分が科せられることは、すでに述べたが、この基準は地方公務員法第27条に「処分は公正でなければならない。法律に定める理由によるものでなければ免職、降任、休職されない。また、条例によるものでなければ降給されることはない。」と記されている。通常は以下の理由に該当する場合は、本人の意に反しても任命権者は降任、免職することができる。

1　勤務成績が良くない場合。
2　心身の故障のため、職務の遂行に支障があり、又はこれに耐えない場合。
3　上記の2点以外にその職に必要な適格性を欠く場合。
4　職制もしくは定員の改廃又は予算の減少により廃職、又は過職を生じた場合。

休職の場合は、心身の故障のため長期の休養を必要とする場合、刑事事件に関して起訴された場合は、本人の意に反して処分は行えるとされている。

なお、公務員の場合、職務に適格性を欠くが、社会通念上や道義的に問題のない場合は分限免職がなされる。教員の場合は明らかに教科に対する専門

的知識、技能が不足し、学習指導が適切に行えない等の場合がこれに相当する。この不適格教員に対して任命権者は指導改善研修を実施しなくてはならないと教育公務員特例法第25条の2項に定められている。研修後も改善が見られない場合は分限処分が行われる。この分限にも免職、降任、休職、降給がある。ただ、この判断については「その判断が合理性として許容される限度を超えた不当なものであるときは、裁量権の行使は違法であることを免れない」との昭和48年に最高裁の判例がでている。

　公務員が本人の懲戒その他の処分を受ける場合は、法に定められた以外の理由で行うことはできない。処分する場合は、任命権者は必ず処分理由を書いた説明書を交付しなければならない。また、職員が不利益な処分を受けたと思う場合は、処分理由の説明を請求できる。任命権者は15日以内に説明書を交付しなければならない。

　さらに職員は処分内容に不服の場合は、人事委員会、公平委員会に対して不服申し立てを行うことができる。通常、人事委員会は都道府県、指定都市に設置され、指定都市以外で人口15万人以上の市には人事委員会又は公平委員会が置かれ、15万人未満の市町村に及び地方公共団体に組合には公平委員会が置かれている。両委員会の権限は地方公務員法第8条に定めてある。そこには、職員からの不利益な処分についての、不服申し立てに対する採決または決定をすること、職員の苦情の処理をすることが含まれている。

（伊藤一雄）

参考文献等

ぎょうせい　『文部法令要覧』　2016年
文部科学省　『平成27年度　文部科学白書』　2015年
ヒューローダー，フイリップ・ブラウン他　刈谷剛彦他訳　『グローバル化・社会変動と教育―文化と不平等の教育学―』東大出版会　2012年
文部科学省ホームページ⇒ http://www.mext.go.jp/a_menu/shotou/kenshu/1244827.htm
教員研修の実施体系及び初任者研修についての調査　2009年
斎藤　孝　著　『人はなぜ学ばなければならないのか』　実業之日本社　2011年
佐伯啓思　著　『学問の力』　NTT出版　2006年

第5章　幼稚園教員の職務

第1節　幼稚園教育とは

1．幼児教育と幼児保育

　日本における幼稚園もしくは保育所への就園率は、4歳児で95.4％、5歳児では98.5％を超えている（2013年4月時点）。都道府県によって、幼稚園在園児と保育所在所児の割合に違いはあるが、今日の子どもにとって、幼稚園又は保育所は共通の体験となっているといえる。

　ここで、「教育」とよく似た「保育」という用語について触れたい。「保育」という言葉の歴史は相当に古く、1876（明治9）年に開園した我が国初の幼稚園である東京女子師範学校附属幼稚園（現在のお茶の水女子大学附属幼稚園の前身）が、1877（明治10）年に改正した規則中にも「保育時間」「保育科目」「保育料」などの用例がみられる。このように戦前においても「保育」という言葉は幼稚園特有の、幼児の精神・身体を「保護」しながら行う「養育」ないしは「教育」を表現する言葉として、連綿と用いられてきた。

　また、戦後最初の幼稚園教育内容に関する文部省刊行の手引書も「保育要領」という名称であった。その後、1956（昭和31）年の「幼稚園教育要領」からは「教育」が名称に用いられるようになり今日に至っているが、現行の学校教育法において「幼児を保育し」という文言があり、また幼稚園の現場においても「保育者」「設定保育」など、「保育」という表現は日常的に用いられている。ただし、本章では幼稚園を所管する文部科学省が「教育」と「保育」を使い分けていることに鑑み、幼稚園教育の表現で統一する。

　幼稚園は学校教育法第1条に名前を連ねるいわゆる一条校として、「学校」

の一種に位置付けられている。そして幼稚園教員は、保育所保育士や認定こども園の保育教諭とともに「保育者」であると同時に、「学校」の「教員」でもある。日本における幼稚園教育の目的は「義務教育及びその後の教育の基礎を培うものとして、幼児を保育し、幼児の健やかな成長のために適当な環境を与えて、その心身の発達を助長すること」とされる（学校教育法第22条）。

　しかし、世界の保育制度や保育の方法論をみれば、日本の保育形態は唯一かつ必然のものではない。世界を見渡すと小学校就学前の保育形態は、幼稚園（kindergarten）、幼児学校（preschool）、保育所（nursery school）など多様である。これらの制度は、ECE（Early Childhood Education 幼児教育）、あるいは Care（養護）の C を最後につけて、ECEC（Early Childhood Education and Care 幼児保育）と総称される。

　日本など先進国が主たる加盟国であることから、「先進国クラブ」とも形容される OECD（経済協力開発機構）の幼児保育に関する報告書である Starting Strong II（邦訳名：OECD 保育白書）は、各国の就学前保育制度を歴史的背景と制度的特徴によって、「就学準備型」と「生活基盤型」の２類型で説明している。

　前者の就学準備型保育は、アメリカ、イギリス、フランスなどにみられる。小学校就学に向けて、乳幼児期から認知的発達や読み・書き・計算など知識・技能をレディネスに応じ獲得することを重視する考え方に基づく。レディネスとは、特定の学習に関して心身や前提となる知識・経験の準備が整っている状態を指す。

　後者の生活基盤型保育は、ドイツや北欧諸国にみられる。乳幼児期を生涯学習の基礎時期と捉え、子どものケア・養育・教育や家族への支援を包含しながら、子どもの発達課題や興味をサポートしようという考え方に基づく。なお、発達課題とは人が健全に発達するために各発達段階で習得・達成しなければならない課題を意味する。

　これらの理念型はどちらかに当てはめる二分法的なものというよりは、グラデーションの両極と考えたほうがよい。我が国の幼稚園教育は、「幼児期の特性を踏まえ、環境を通して行うもの」であり、「心身の調和のとれた発達の基礎を培う重要な学習である」として、子どもの自発的な遊びを重視し

ている(幼稚園教育要領　第1章総則)。その保育内容においても、例えば国語や算数の学習の基礎となる文字や数について、教え込むのではなく、子どもが主体的に日常生活を送るなかで関心を持てるように配慮する程度に留めていることから、各幼稚園の特色の出し方により差異はあるものの、総じて生活基盤型に重心の寄った位置付けにあるとみることができる。

2. 「保姆」から幼稚園教諭へ

　日本における初の幼稚園は1876(明治9)年に開園した、東京女子師範学校附属幼稚園であるが、そこで働く保育者は「保姆(ほぼ)」と呼称された。1972(明治5)年の学制には、6歳までの子どもの教育を想定した「幼稚小学」の規定があったが現実に幼稚小学は実施されなかった。今日まで用いられる「幼稚園(当時　幼穉園)」という表現が法令上初めて用いられるのは、1879(明治12)年の小学校令においてである。この1879(明治12)年の小学校令の中で幼稚園は、書籍館(今日の図書館に相当)などと並び、学校とは別の教育機関として位置付けられた。

　日本における保姆は東京女子師範学校附属幼稚園において、ドイツ出身の保姆からフレーベルの考案によるとされた「恩物(おんぶつ)」を重視した保育を、講義を受けつつも「実地保育」すなわち実際の保育現場での実践を通し見習うことを中心とする方法によって養成が開始された。なお、フレーベルはドイツの教育家で、幼稚園を創始した人物である。また彼の発案した恩物とは、積み木等で構成された教材群であり、並べた時の幾何学的な美しさなどによって、子どもに調和のとれたキリスト教的な世界観を理解させることを意図し、開発されたものであった。

　その後、1878(明治11)年には修業年限1カ年の東京女子師範学校保姆練習科が設置された。そして、養成された日本人保姆らが大阪などに新たに開園した幼稚園に着任することで、地方にも幼稚園という制度ならびにその保育方法が徐々に広まっていった。

　また、明治20年代には兵庫の頌栄保姆伝習所や広島の広島女学校保姆養成科など、アメリカ合衆国出身のキリスト教宣教団関係者による保姆養成施設も、布教活動の一環として多く設立されるようになり、当時最先端と考えら

れていたアメリカ合衆国の保育方法を日本にいち早く採り入れる窓口となるなど、我が国の幼稚園教育の発展に貢献した。

　明治時代後半になると幼稚園の増加に対して保姆養成が追い付かず、1900(明治33)年の小学校令施行規則(文部省令第14号)では「女子ニシテ尋常小学校本科正教員又ハ準教員」たるべき資格を有する者が原則とされ、本来小学校において正規の学級を持てない準教員であっても、保姆の資格要件を備わっているものとみなされるようになった。その後、1926(大正15)年制定の幼稚園令では保姆について「女子ニシテ保姆免許状ヲ有スル者」であることとし、全国的な制度として保姆検定による免許状授与を実施することが明記され、幼稚園教育にふさわしい素養を持った保姆の確保が目指された。

　戦後の1947(昭和22)年に制定された学校教育法において幼稚園は、第1条に小学校、中学校などとともに列挙されるようになり、いわゆる「一条校」の仲間入りを果たした。但し、制定当初の第1条は「小学校、中学校、……(中略)……養護学校及び幼稚園とする」というように、幼稚園は末尾にかろうじて加えられた形であった。そこで働く教員についても、保姆から幼稚園教諭に名称が改められた。ただしその資格要件は旧制度のままであった。やや遅れて1954(昭和29)年の教育職員免許法施行規則により、幼稚園教諭普通免許状などの新しい教員資格の要件が明文化され、課程認定を受けた大学等における単位取得による教員養成が行われるようになった。

　その後、約60年を経た2007(平成19)年の改正時に、学校教育法第1条は教育の順序性、生涯にわたる人格形成の基礎を培う重要性などの観点から再考され、「幼稚園、小学校、中学校、……(以下略)」というように教育階梯の順に並べ直されて、今日に至っている。

3．これまでの幼稚園教育要領の変遷

　前述のように1947(昭和22)年の学校教育法制定により、幼稚園は学校の1つに数えられるようになった。同年文部省(当時)は、「幼児教育内容調査委員会」を設置し、翌1948(昭和23)年に幼稚園教育の現場のみならず、保育所保育や家庭育児でも役立つ手引書という位置付けで「保育要領」を発刊した。

その後1956(昭和31)年には、幼稚園の役割を明確化するとともに、小学校教育段階との一貫性も企図し、望ましい経験として「健康、社会、自然、言語、音楽リズム、絵画製作」の6領域の系統立てられた保育内容を盛り込んだ、「幼稚園教育要領」を刊行した。

1964(昭和39)年版以降の幼稚園教育要領は、官報告示化されて法規性を有するようになった。官報というのは、あたらしく出た法律などが、以前はタウン紙サイズの冊子に、現在はインターネットサイト上に掲載され、国民はこれによってその法律などを周知されるものである。1956(昭和31)年から1989(平成元)年までの長らくの間、保育内容は「健康、社会、自然、言語、音楽リズム、絵画製作」の6領域であった。この内、音楽リズムは本来音楽・リズムと分けて捉え得るもので、決して音楽的なリズムを楽しむ内容への限定を意図し発案されたものではなかった。しかし、これらの6領域の名称は小学校などの教科との対応を連想させ、誤解され易いとの指摘があった。

このため、1989(平成元)年改訂の幼稚園教育要領からは、保育内容を「健康、人間関係、環境、言葉、表現」の5領域とし、総合的な指導という保育の方向性を表現するものとして用いられるようになった。

1998(平成10)年度改訂版においてもこれらの5領域は踏襲され、「生きる

表5-1 幼稚園教育要領の変遷と主な内容変更

1948(昭和23)年	『保育要領』 保育所保育や家庭育児も視野にいれた教育書(手引き) 保育内容を「楽しい幼児の経験」と表現し、「見学、リズム、休息、自由遊び、音楽、お話、絵画、製作、自然観察、ごっこ遊び・劇遊び・人形芝居、健康保育、年中行事」の12項目で示した
1956(昭和31)年	『幼稚園教育要領』保育内容が6領域(健康、社会、自然、言語、音楽リズム、絵画製作)に
1964(昭和39)年	幼稚園教育要領の官報告示化　法規性を有するように
1989(平成元)年	保育内容が5領域(健康、人間関係、環境、言葉、表現)に
1998(平成10)年	「生きる力の基礎」　子育て支援や預かり保育の明文化
2008(平成20)年	小学校や家庭との連続性を踏まえた幼稚園教育　子育て支援と預かり保育の充実
2017(平成29)年	「幼稚園教育において育みたい資質・能力」「幼児期の終わりまでに育ってほしい姿」「カリキュラム・マネジメント」「社会に開かれた教育課程」などが盛り込まれる

力の基礎」を育むものとされた。加えて「小1プロブレム」、「孤育て」などの、教育や子育てをめぐる今日的な諸課題に対応するために、「幼小連携」「幼稚園と家庭の連続性への配慮」「預かり保育や子育て支援」が明文化された。

　2008（平成20）年度改訂版では、幼稚園教員・小学校教員の相互理解や、幼稚園児と小学生の交流などによる学びの連続性のさらなる拡充、基本的生活習慣の獲得などにおける家庭との連携の拡充が明記されるとともに、幼稚園が地域の子育て支援においてセンター的機能を果たすことや、預かり保育の体制確立、食育の充実についても言及があった。

第2節　今日の幼稚園教員に求められる専門性

1．2017（平成29）年版幼稚園教育要領と幼稚園教員の専門性

　2017（平成29）年版幼稚園教育要領では、「育みたい資質・能力」として3つの柱、すなわち、1）豊かな体験を通じて、感じたり、気付いたり、分かったり、できるようになったりする「知識及び技能の基礎」、2）気付いたことや、できるようになったことなどを使い、考えたり、試したり、工夫したり、表現したりする「思考力、判断力、表現力等の基礎」、ならびに3）心情、意欲、態度が育つ中で、よりよい生活を営もうとする「学びに向かう力、人間性等」が示された。

　これらの柱は、今回の学習指導要領改訂で小学校以上の教育段階において育成を目指す、「資質・能力の三つの柱」や「主体的・対話的で深い学び」などの土台ともなる、幼児教育段階での資質・能力の基礎形成の重要性や、他の学校教育段階との連続性を強調し、幼児期においても、主体性や意欲、態度などを総合的・一体的に育むことに言及したものと解釈できる。

　加えて新要領では、「幼児期の終わりまでに育ってほしい姿」として、1）健康な心と体、2）自立心、3）協同性、4）、道徳性・規範意識の芽生え、5）社会生活との関わり、6）思考力の芽生え、7）自然との関わり・生命尊重、8）数量や図形、標識や文字などへの関心・感覚、9）言葉による伝え合い、および10）豊かな感性と表現、の10の観点が示された。

これらは5領域の中から、幼児教育段階での基礎的な経験を10点で簡潔に整理したものであり、幼稚園教員が保育実践の中で意図的な働きかけを行う際に、長期的な発達・成長をみる観点として参考とし考慮すべき点を述べたものである。なお、教員が配慮すべき事項であるが、「できる」・「できない」で子ども個々人を評価するような到達目標ではないことにも留意を要する。

　幼稚園における教育は、「生命の保持」や「情緒の安定」といった養護（care）と、教育（education）が不可分・一体となった実践である点において、保育所保育と同様である。また戦前・戦後を通し保育界で活躍した倉橋惣三の「生活を生活で生活へ」という保育思想を継承しており、環境を通した保育という考え方が主流である。そこでは、いま目の前にいる子どもの「発達の最近接領域」（ヴィゴツキー）を見極め、また年長児までの長期的な成長・発達や、その後の小学校などでの学習を見越しながら、興味関心を引き出し得るような「しかけ」を保育環境内に設ける必要がある。そして教員には、子どもたちが主体的に遊び・生活をする中で、幼稚園教育要領に示されたねらい・内容を知らず知らずのうちに経験していくよう、「しかけ」を用いて援助・助長していくことが求められる。

　少子化等を背景とした「三間（時間・空間・仲間）」の減少が指摘される昨今にあって、幼稚園は子どもが初めて遭遇する同年齢集団である場合も多い。そこで幼稚園教員が、集団保育という環境特性を最大限活用し、子どもが遊びや生活を通して社会性や心情・意欲・態度といった人間としての基礎を培えるよう、場をとり持ち、フォローを行いながら、援助・助長することも重要である。

　例えば3歳頃の子どもは、言語運用能力は発達の途上にあり、さらに他者と交渉する経験も少ないため、おもちゃの取り合いからけんかになり、「いやな気持ち」を経験することも、よくみられる保育の一場面である。しかしこのような一見円滑なコミュニケーションをとることに失敗し、ネガティブな経験にみえる葛藤体験も、主観的で具体的な経験を通して学ぶ時期（ピアジェのいう「前操作期」）にある幼児にとっては、「どのような場合にひとはいやな気持ちになるか」という事を自らがその感覚を経験することを通して、具体的・経験的に学ぶ貴重な場となる。そして徐々に他者への思いやり、忍

耐力、自己抑制などの、今日国際的に重視されるようになってきた「社会情動的スキル」・「非認知的スキル」を獲得していくのである。

　保育内容の5領域は、小学校教育段階以上の各教科と異なり、時間割などによって枠づけられるものではなく、同時的・重層的なものである。例えば、砂場遊びで考えてみると、子どもが思いのままに砂山を作り、トンネルを掘るという行為が「表現」であり、そのなかでどうやったらトンネルが崩れにくいかなど砂の特性について試行錯誤を通して学んでいくのは「環境」の領域の経験となる。さらに友達と一緒に川をつくるなどし、どのような遊びを展開したいかを伝え合えば、「人間関係」や「言葉」の領域の内容も経験していることになる。また、遊びが終わったら手洗いをし、泥だらけになった手が綺麗になる良さを知ること（「健康」の領域内容に相当する）なども遊びの一環と捉えるならば、子どもは砂遊びの中で5領域のねらい・内容を同時並行的に経験していることになる。このような重層的な経験は、砂遊びのみならず、絵本の読み聞かせ、絵画製作、昼食の時間など、一見言葉、表現、健康の各領域のねらい・内容のみを経験しているようにもみえる、様々な遊びや生活の中にも存在する。そして子どもたちは知らず知らずのうちに、生活経験を通してそれらを自ら学んでいくのである。

　そして事前の計画段階において予想した子どもの姿と、実際の保育実践中の子どもの遊びや生活の姿の比較から、自らの保育実践を省察し、「幼児期の終わりまでに育ってほしい姿」や5領域のねらい・内容などを参考に、バランスのとれた長期的な育ちを視野に入れつつ、PDCAサイクル（「Plan＝計画、Do＝実施、Check＝省察・確認、Action＝省察し修正した内容の実行」という段階により、実践を振り返り改善していくサイクルのこと）を通して日々の保育、ひいては週間、月間、年間の活動計画、さらには教育課程そのものも適宜修正していくこと（カリキュラム・マネジメント）も必要である。幼稚園教員は、幼児教育に必要なこどもの発達や保育方法に関する専門的知識を有するにとどまらず、自らの実践を振り返り、保育対象の個々の子どもと集団としての育ちに応じて、今後の実践に適宜修正を行える「反省的実践家」であるという点にも専門性が存するのである。

　また幼稚園教員は、多い場合で35名近い同年齢の子どもを保育しており、

子どもの発達・成長の個人差を熟知し、その援助・助長の方法に長けている。このような多くの子どもの成長・発達を支援してきた経験を活かしながら、少子化・核家族化が進み、育児経験が乏しかったり、相談相手がいなかったりして育児不安を抱える保護者に対しては、必要に応じて相談・支援を展開していくことも求められよう。

　加えて、保護者との登降園時や連絡帳でのやりとり、同僚との報告・連絡・相談など、コミュニケーション能力も不可欠である。特に家庭との連携を図ることは、家庭と幼稚園での子どもの生活の流れをぶつ切りにせず、獲得すべき基本的生活習慣（食事・睡眠・排泄・衣服の着脱・清潔等）について、家庭・幼稚園間の一貫性を持たせるためにも重要である。

　幼稚園教員に求められる専門性や資質は、ともすると家庭育児で必要とされる知識や技術と混同され易い。しかし幼稚園教員の専門性の真髄は、幼児の仲間集団のもつダイナミクスをうまく活用しながら、子どもの個々の育ちと集団としての育ちの両面を援助・助長する知識・技術にある。加えて、計画を立て、絶えずそれを省察（振り返り）によって改善していく力、保育の意図などを他者に伝え信頼関係を構築していく力など、求められる資質・素養は多岐にわたるのである。

2．幼稚園教諭免許状制度について

　幼稚園教諭普通免許状には専修免許状、一種免許状、二種免許状の3種類がある。それらの基礎資格は表5-2の通りであり、戦後より長らくの間、短期大学において基礎資格と単位を修得し、二種免許状を取得する者が多かった。今日では四年制大学の養成課程を経て一種免許状を直接取得する者が増加している（表5-3）。しかし中学校や高等学校と比べると専修免許取得者の割合は多いとはいえず、十分に教職の高度化に対応した人材を輩出し得ていない状況である。

　このほか、二種免許状や一種免許状所持者が、所定の時間良好な成績で勤務した上で大学等において所定の単位を修得することによって、上級免許である一種免許状や専修免許状を習得できる制度や、小学校普通免許状所持者が、現有免許状に相当する学校の教員として良好な成績で3年間勤務し、特

表5-2 幼稚園教諭　普通免許状の種類

基礎資格		大学において修得することを必要とする最低単位数			
		教科に関する科目	教職に関する科目	教科又は教職に関する科目	特別支援教育に関する科目
専修免許状	修士の学位を有すること。	6	35	34	
一種免許状	学士の学位を有すること。	6	35	10	
二種免許状	短期大学士の学位を有すること。	4	27		

注）　2017年より第1章P19表1-4のように改定された

表5-3　幼稚園普通免許状取得者の内訳、ならびに他校種との比較

	二種免許状	一種免許状	専修免許状
昭和35（1960）年度	4,155 (5,849)	408 (944)	-
平成14（2002）年度	33,442 (33,447)	6,518 (6,677)	197 (201)
平成27（2015）年度	30,150 (33,638)	16,647 (17,772)	241 (248)
（参考　平成27年度小学校）	2,748	22,801	1,473
（参考　平成27年度中学校）	1,736	43,323	4,963
（参考　平成27年度高等学校）		55,931	6,142

注）　括弧内は現職教育による上位免許状取得等による取得者を合わせた総数
　　　（『幼稚園百年史』（文部省）、『教員免許状授与件数等調査結果』（文科省）より筆者作成）

定の単位を大学で修得することで二種免許状が取得できる制度がある。
　加えて、認定こども園の保育教諭となりうる人材確保の施策の一環として、認可保育所等で保育士として3年間在職し、4,320時間勤務し、大学において必要科目8単位以上を修得した場合に、基礎資格に応じて一種免許状、二種免許状が取得できる平成31年度末までの特例があるほか、実務経験等の受験資格を満たした上で幼稚園教員資格認定試験に合格することによって二種免許状を修得する方法もある。

3．保育所、認定こども園と、保育士ならびに保育教諭

　幼稚園は学校教育法を根拠とする「学校」の一種であるが、保育所は児童福祉法を根拠とする「児童福祉施設」の1つに数えられる（表5-4）。私立を

問わず、「保育園」を固有名詞として用いている園もあるが、法律上の施設の種類としての名称は「保育所」である。また児童福祉法における「児童」の定義は、学校教育法における児童すなわち小学校学齢期の子どもより年齢幅が広く、0歳児から18歳未満の子どもまでを含んでいる。そこで、小学生についても、2015（平成27）年よりスタートした「放課後児童健全育成事業」の1つに「放課後児童クラブ」（通称・学童保育）があり、保護者が労働などによって昼間家庭にいない小学校就学児童に対しての育成支援（保育）が実施されているのである。

　保育所は、「保育を必要とする乳児・幼児を日々保護者の下から通わせて保育を行うことを目的とする施設」である（児童福祉法第39条）。そこで働く保育者の正式名称は、かつては女性保育者を前提とした「保母」であり、男性保育者は通称として「保父」と呼ばれていた。しかし、男女雇用機会均等法の改正を背景とし、1999（平成11）年に「保育士」に改称され、特に2003（平成15）年からは国家資格となった。幼稚園教諭は任用資格であり幼稚園に勤めて初めて幼稚園教諭を名乗れるが、保育士は保育士登録を完了した時点で保育士を名乗ることができる。

　「幼稚園と保育所との関係について」という文部省（当時）と厚生省（当時）の局長が連名で行った1963（昭和38）年の通達において「保育所のもつ機能のうち、教育に関するものは幼稚園教育要領に準ずることが望ましい」とさ

表5-4　幼稚園、保育園、ならびに幼保連携型認定こども園の主な違い

名称	幼稚園	保育所	幼保連携型認定こども園
所管	文部科学省	厚生労働省	内閣府・文部科学省・厚生労働省
根拠法令	学校教育法	児童福祉法	就学前の子どもに関する教育、保育等の総合的な提供の推進に関する法律
位置付け	学校	児童福祉施設	学校かつ児童福祉施設
保育時間など	一日4時間（教育標準時間）、最低39週	一日11時間（保育標準時間）	一号認定の場合（標準教育時間4時間）二号（満3歳以上）・三号（満3歳未満）認定の場合 　（保育短時間（最大8時間）あるいは保育標準時間（最大11時間））
最低基準など	幼稚園設置基準	児童福祉施設最低基準	幼保連携型認定こども園の学級の編制、職員、設備及び運営に関する基準

れて以降、とりわけ3歳児以降の5領域の内容など教育的側面に関しては幼稚園との共通化が図られている。我が国で初めての「保育所保育指針」は、初の幼稚園教育要領告示から1年後の1965(昭和40)年に「刊行」されたが、その「告示化」は2008(平成20)年を待つこととなった。

この2008(平成20)年版「保育所保育指針」は幼稚園教育要領の改訂と同時期に告示され、法規性を付与するとともに、保育所で目指される保育内容、とりわけ3歳児以上の保育における教育的側面の整合性が図られた。

保育所においては3歳児未満の乳幼児も受け入れており、一日の大半を過ごす生活の場となっている。このため、保育所保育指針には0歳児から2歳児までの乳幼児の生命の保持・情緒の安定など心身の健康に対する配慮や、食事・排泄など基本的生活習慣の確立のための援助・助長の在り方について詳細に言及があることも特徴の1つとなっている。保育所を利用する1、2歳児は、27.6%(平成20年度)から38.1%(平成27年度)へと増加し、近年共働き家庭が増えたこともあって、今後もその拡大が見込まれており、その質の担保・向上は喫緊の課題である。

そこで、2017(平成29)年告示の保育所保育指針では、新たに「1歳以上3歳児未満の保育に関わるねらい及び内容」が設けられ、当該年齢における5領域のねらい・内容や配慮事項が示された。従来の保育所保育指針において3歳児以上の発達段階を念頭に設定された5領域のねらいや内容を、そのまま1、2歳児に用いて、未分化な育ちを捉え、実践の手がかりとすることは無理があるからである。

乳児保育(0歳児の保育)についても、「健やかにのびのびと育つ」「身近な人と気持ちが通じ合う」「身近なものと関わり感性が育つ」の3つの視点が示されており、それは1歳児から6歳児にかけての5領域と重層的な関係を持ち、さらに小学校以降を見通した連続的なものとして全体的な計画を捉えていく姿勢が示されたものとなっている(図5-1)。

また子どもや子育てを支援する政策の一環として、2004(平成16)年の「就学前の子どもに関する教育、保育の総合的な提供の推進に関する法律」を根拠とし、認定こども園という新しい形態の就学前保育制度が誕生した。この認定こども園には幼保連携型、幼稚園型、保育所型、ならびに地方裁量型の

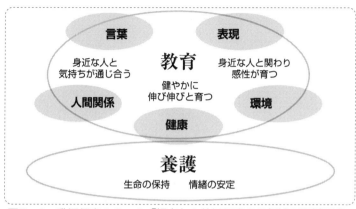

図5-1　乳児保育の3つの「視点」と幼児保育の5領域の関係図式

幼稚園 教育要領	[1956] (保育要領・刊行)	1964 (告示)	1989	1998	2008	2017
保育所 保育指針		1965 (通知)	1990 (通知)	1999 (通知)	2008 (告示)	2017
幼保連携型認定こども園 教育・保育要領					2014 (告示)	2017

図5-2　要領・指針の改定と法的位置づけの変化（下線部はすべて告示版）

4類型がある。この内、幼保連携型は表5-4のように法令上学校かつ児童福祉施設という性格を有しており、そこで働く職員は保育教諭と称され、その業務内容は幼児教育的な側面と児童福祉的な側面があることから、幼稚園教諭免許状と保育士資格を併有することが原則とされる。なお、幼稚園型は保育所機能を持つ学校、保育所型は幼稚園機能を持つ児童福祉施設であり、また地方裁量型は幼稚園機能と保育所機能を有するものをいう。

　幼保一元化の議論は戦前より長らく続いてきた。認定こども園制度は、「幼保一体化」という形で議論を一歩進めるものである。そして、少子化が進む地域において幼稚園・保育所を統合し、保育や子育て支援のサービスを維持しながら、運営の効率化を図る現実的な方法としても活用されている。

幼保連携型認定こども園教育・保育要領も2017(平成29)年に改訂され(図2)、乳児保育における3つの視点や、1歳児から満3歳未満児における5領域のねらい・内容に関する充実した記述が新たに設けられるなど、保育所の低年齢児保育(0歳から満3歳未満までの乳幼児の保育)との整合性が図られた。加えて、「育みたい資質・能力」の3つの柱や、10項目からなる「幼児期の終わりまでに育ってほしい姿」についても、幼児教育を担う3施設の共通項として、教育・保育要領にも盛り込まれることとなった。

(金子嘉秀)

参考文献等

天野珠路「保育における「領域」とは何か　保育内容の5領域に関する国際比較」『日本女子体育大学紀要』第47巻　2017年
泉千勢・一見真理子・汐見稔幸編著『世界の幼児教育・保育改革と学力』明石書店　2008年
泉千勢編著『なぜ世界の幼児教育・保育を学ぶのか』ミネルヴァ書房　2017年
OECD編著・星三和子ほか訳『OECD保育白書』明石書店　2011年
金子嘉秀「明治後期の幼稚園における中心統合主義カリキュラムの受容・実践内容に関する研究」『保育学研究』第51巻第1号　2013年
宍戸健夫『日本における保育園の誕生　子どもたちの貧困に挑んだ人びと』新読書社　2014年
宍戸健夫・阿部真美子編著『保育思想の潮流』日本図書センター　2014年
日本保育学会『日本幼児保育史　第一巻』フレーベル館　1968年
松島のり子『「保育」の戦後史　幼稚園・保育所の普及とその地域差』六花出版　2015年
文部科学省『平成28年度学校基本調査』文部科学省ウェブサイト
　URL：http://www.mext.go.jp/b_menu/toukei/chousa01/kihon/kekka/k_detail/1375036.htm
湯川嘉津美『幼稚園成立史の研究』風間書房　2001年
厚生労働省『保育所保育指針の改定に関する議論の取りまとめ』(社会保障審議会児童部会保育専門委員会資料)2016年
内閣府・文部科学省・厚生労働省『平成29年告示　幼稚園教育要領　保育所保育指針　幼保連携型認定こども園教育・保育要領　原本』チャイルド本社　2017年
文部科学省『教育課程企画特別部会における論点整理について(報告)』
　文部科学省ウェブサイト
　URL：http://www.mext.go.jp/b_menu/shingi/chukyo/chukyo3/053/sonota/1361117.htm
文部省『幼稚園教育百年史』ひかりのくに　1979年

第6章　特別支援学校及び特別支援学級の教員と職務

第1節　特別支援学校教員と職務

1．特別支援教育とは
(1)他者が気付きやすい障がいの支援から、他者から気付かれにくい障がいへの支援へ

　我が国において障がい児を対象とする近代的な教育が実施されたのは明治時代以降であり、海外使節団や留学生らを通して把握した、西洋諸国の障がい児に関する近代的な教育施設を参考とし、「廃人学校（あるへし）」として1872（明治5）年の「学制」上に設置を規定したのが始まりとみることができる。
　その後、明治10年代には京都の京都盲唖院や東京の盲学校などにおいて、盲・聾・唖教育（今日でいう視覚・聴覚・発話障がい者向けの教育）が小規模ながら行われるようになった。明治20年代には、知的障がい者教育（滝乃川学園）も始まった。やや遅れて大正時代には、肢体不自由児を対象とした施設（柏学園）が設立され、また1923（大正12）年になると「盲学校及聾唖学校令」によって、道府県に盲学校並びに聾唖学校の設置が義務付けられた。第二次世界大戦後になると、これまで就学猶予・免除とされていたような複数の障がいを有する重複障がい児にまで教育対象を徐々に拡大していった。但し、学習障がい（LD）、注意欠陥・多動性障がい（ADHD）、自閉スペクトラム障がい（ASD）など、一見しつけや怠惰な性格の問題であるとの誤解を受けやすく、他者から特別な配慮の必要性が判別しづらい発達障がいに関しては、21世紀に入った2004（平成16）年の発達障害者支援法制定を待つこと

になった。なお「障害」の表記については、「害」という漢字のもつ語感の強さから、「障碍」(但し「碍」は2017年9月時点では常用漢字外)、「障がい」といった表記方法も用いられるようになってきている。本章では法令の名称や、引用文中で「障害」の表現が使用されている場合を除き、「障がい」の表記を用いることとする。

(2) 障がいモデルの変容 ―ICIDHモデルからICFモデルへ―

皆さんは「障がい」と聞いて、どのようなイメージを浮かべるだろうか。仮に医師によって「障がい」と医学的な診断を受けると、一定の機能的・能力的な制約が決定的となり、社会的不利を受ける存在として治療やリハビリ、療育などの対象となるといったイメージを持っているとしたら、それは一世代前のICIDHモデル的な障がい観に近いといえる(図6-1)。ICIDH (International Classification of Impairments, Disabilities and Handicapsの頭文字をとったもの)は、1980(昭和55)年にWHO(世界保健機関)が発表したもので「国際障害分類」と邦訳され、個人に内在する障がいを医学的な診断・治療や訓練により改善するという図式から「医学モデル」とも形容される。この図式内では、im + pairment(直訳すると「不」+「揃い」で不揃い)などネガティブなニュアンスの表現が多用されており、個人内で完結し、因果的で単純な関連図式などから、障がい者の生活実態をうまく説明し得ていないとの批判があった。

そこで2001(平成13)年にWHO(世界保健機関)は、ICIDHモデルに替わってICF (International Classification of Functioning, Disability and Health「国際生活機能分類」)モデルを総会で承認した(図6-2)。このICFモデルに

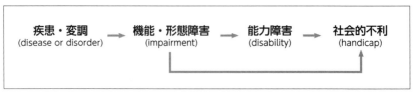

図6-1 ICIDH(国際障害分類)モデル

第6章 特別支援学校及び特別支援学級の教員と職務 —— 127

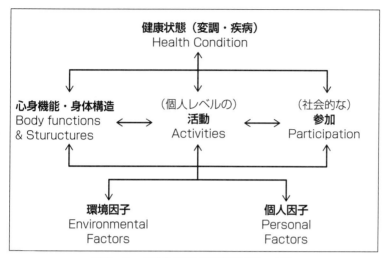

図6-2 ICF（国際生活機能分類）モデル

おいては、1）中立的な表現が用いられ、2）「環境因子」「活動」「参加」といった社会的な要因も採り入れられた。また、3）それらの要素は双方向性の矢印でつながれ、因果関係ではなく相関関係で捉えられるようになった。

例えば、日本においては2000（平成12）年の「交通バリアフリー法（通称）」、2006（平成18）年の「バリアフリー新法（通称）」の施行によって、鉄道駅にエレベーターやスロープを設けることや、バスは低床バスとし車いすスペースを設置することなどが新設・改良時に義務付けられるようになった（なお、既存施設の場合は基準適合の努力義務がある）。

車いすでの公共交通機関を利用した移動が容易になると、趣味の教室などにも通い易くなり、ICFモデルでいう「活動」や社会への「参加」が高まる。同時に自然と車いすを使うことで筋力や心肺機能など「心身機能・身体構造」や「健康状態」の変化・向上にも良い影響があり得る。このように今日の障がい観は、周囲の人的環境や物理的環境といった「環境因子」次第で障がい者個人の生きやすさや、生活の質は変動しえると捉える「社会モデル」が主流である。

そして特別支援学校などの教員もまた、人的な「環境因子」の1つの要素

として、活動や参加の支援を通し、障がい者の「より良く生きること(wellbeing)」に資することができると捉え得るのである。

(3) 特殊教育の義務化と特別支援教育への転換

　学校教育法が制定された1947 (昭和22) 年当時、障がいのある子どもたちに対して行う教育は特殊教育と呼称され、「盲学校、聾学校又は養護学校は、夫々盲者、聾者又は精神薄弱、身体不自由その他心身に故障のある者に対して、幼稚園、小学校、中学校又は高等学校に準ずる教育を施し、併せてその欠陥を補うために、必要な知識技能を授けることを目的」(旧・学校教育法第71条) とする学校とされた。

　すなわち、今日の表現でいう視覚障がい者を対象とした盲学校、聴覚障がい者を対象とした聾学校、および知的障がい者、肢体不自由者、病弱者、身体虚弱者、言語障がい者、情緒障がい者を対象とする養護学校に区分されていた。なお、盲学校と聾学校は1948 (昭和23) 年から義務制となったが、その他の養護学校の義務化は1979 (昭和54) 年を待つこととなった。

　その後、特殊教育学や近接する学問 (医学・脳科学など) の進展とともに、LD、ADHD、高機能自閉症など従来の教育法制上では対象とされてこなかった、いわゆる発達障がいがひろく認知され、これらの障がいをもつ子どもたちに指導上の配慮が必要であると理解されるようになり、光が当てられるようになった。

　文部科学省初等中等教育局長決定により設置された「特別支援教育の在り方に関する調査研究協力者会議」は、2003 (平成15) 年に「今後の教育の在り方について (最終報告)」の報告書において、これまでの障がいの種類・程度に応じて、特別な場所で実施される「特殊教育」から、通常の学級に在籍するLD・ADHD・高機能自閉症などの障がいのある児童生徒についても一人一人の教育的ニーズを把握した上で、適切な教育的支援を行う「特別支援教育」への転換を提言した。

　また、2006 (平成18) 年には国連総会において「障害者の権利に関する条約」が採択された。その条文には、障がいの有無にかかわらず、共に学ぶことを意味する「インクルーシブ教育システム」の理念が盛り込まれ、日本は条約

批准・発効に向けて国内法の整備を行う必要があった。

　このような経緯があって2007（平成19）年施行の学校教育法についても、特殊教育から特別支援教育という表現に変更され、校種も盲学校・聾学校・養護学校から、特別支援学校へ制度改正がなされた。そして学校の目的も、従来の「欠陥を補う」という考え方から、「障害による学習上又は生活上の困難を克服し自立を図る」ことに変更された（学校教育法第72条）。

　これに伴い免許状制度についても、従来の特殊教育において対象とされていた障がい種に加え、LD・ADHD・高機能自閉症などの障がいのある幼児児童生徒への教育の充実を図るとともに、障がいのある幼児児童生徒の重度化・重複化などの諸課題に対応する教員を養成することを目的として、盲・聾・養護学校別の免許状を総合し、一本化されることとなった。

2．特別支援学校の概要と特別支援学校教員の職務

(1)特別支援学校にまなぶ幼児児童生徒

　2007（平成19）年の学校教育法改正以降、我が国に約1000校存在した盲・聾・養護学校は、特別支援学校に法律上の校種の名称が統一された。なお、学校名としては筑波大学附属視覚特別支援学校のように名称を変更したものもあれば、東京都立〇〇盲学校など、存続しているものもある。障がいなどにより特別な教育的支援を必要とする幼児児童生徒のための教育形態には、これらの特別支援学校のほか、次節でとりあげる特別支援学級、ならびに通級による指導がある。この内、特別支援学校は視覚障がい・聴覚障がい・知的障がい・肢体不自由・病弱（身体虚弱者を含む）の幼児児童生徒を対象としている（学校教育法第72条、学校教育法施行令第22条の3　表6-1）。特別支援学校は2016（平成28）年5月時点で全国に1,125校あり、義務教育段階の学齢人口約998万人のうち、0.7％にあたる70,939名が学んでいる。

　特別支援学校は小学校、中学校に相当する小学部、中学部の設置を原則とし、加えて法令上、幼稚園に相当する幼稚部、高等学校に相当する高等部を置くことができるとされている。特別支援学校では小学校、中学校など同等の教育段階に準ずる教育が行われるとともに、障がいによる学習上・生活上の困難を改善・克服し、自立を図るための「自立活動」という特別な指導領

表6-1　特別支援学校の対象とする障害の程度（学校教育法施行令第22条の3より）

障害の区分	障害の程度
視覚障害者	両眼の視力がおおむね〇・三未満のもの又は視力以外の視機能障害が高度のもののうち、拡大鏡等の使用によっても通常の文字、図形等の視覚による認識が不可能又は著しく困難な程度のもの
聴覚障害者	両耳の聴力レベルがおおむね六〇デシベル以上のもののうち、補聴器等の使用によっても通常の話声を解することが不可能又は著しく困難な程度のもの
知的障害者	一　知的発達の遅滞があり、他人との意思疎通が困難で日常生活を営むのに頻繁に援助を必要とする程度のもの 二　知的発達の遅滞の程度が前号に掲げる程度に達しないもののうち、社会生活への適応が著しく困難なもの
肢体不自由者	一　肢体不自由の状態が補装具の使用によっても歩行、筆記等日常生活における基本的な動作が不可能又は困難な程度のもの 二　肢体不自由の状態が前号に掲げる程度に達しないもののうち、常時の医学的観察指導を必要とする程度のもの
病弱者	一　慢性の呼吸器疾患、腎臓疾患及び神経疾患、悪性新生物その他の疾患の状態が継続して医療又は生活規制を必要とする程度のもの 二　身体虚弱の状態が継続して生活規制を必要とする程度のもの

（備考）　一　視力の測定は、万国式試視力表によるものとし、屈折異常があるものについては、矯正視力によって測定する。
　　　　　二　聴力の測定は、日本工業規格によるオージオメーターによる。

域が設けられている点に特色がある。

　この特別支援学校への就学にあたって、かつては一定の障がいのある児童生徒であれば、一律に特別支援学校に就学を指導するという方針が採られていた。しかし、2013（平成25）年の学校教育法施行令改正以降は、個々の児童生徒の障がいなどの状態や本人・保護者の意見などを踏まえて十分な検討を行い、小中学校における通級による指導や特別支援学級、あるいは特別支援学校のいずれかへの就学を総合的に判断し、指定するという方針に転換している。

(2)特別支援学校の教育課程と教育要領、学習指導要領

　特別支援学校における教育課程は、学校教育法施行規則において教科等の編成が定められており（第126条～第128条）、さらにその詳細については特別支援学校幼稚部教育要領、特別支援学校小学部・中学部学習指導要領、及び特別支援学校高等部学習指導要領によって規定することとされている（第

129条)。2017(平成29)年告示の要領では、他の教育要領・学習指導要領と同様に、「育成を目指す資質・能力」の3つの柱や、「主体的で対話的な深い学び」、社会の変化に対応し得る「社会に開かれた教育課程」、「カリキュラム・マネジメント」といったキーコンセプトが盛り込まれた。

特別支援学校の教育課程においては、国語、理科など各教科別の指導、「特別の教科　道徳」(小学校では平成30年4月以降、中学校では平成31年4月以降)・外国語活動・総合的学習の時間・特別活動など小中高等学校の教育に準じる教科教育・教育活動が準備されているほか、自立活動や領域・教科を合わせた指導(日常生活の指導、遊び、生活単元学習、作業学習)など、一人一人の障がいの種別や程度など実態に応じながら、自立や障がいの改善・克服などに資する時間が設けられている。

また指導に当たっては、1)下学年の教育内容を扱う、2)各教科等をほとんど自立活動の内容に替える、3)各教科の授業時間を実情に合わせるなど、各個人の障がいの状態に応じて、弾力的な教育課程の編成・実施が可能な特例がある。

さらに高等部には、障がいの特性に応じて、あん摩マッサージ指圧・鍼(はり)・灸などを行う「理療」などの専攻学科があり、さらに専門的な教育を行う専攻科も置かれている。これらの課程では、卒業後の就労に向けた単なる職業訓練ではなく、働くことの意味を考え、あるいは社会的・職業的な自立の基礎となる自己選択や自己決定の能力を身に付けていくために、キャリア教育というより広い観点から職業教育が行われている。

(3) **特別支援学校の教員に求められる専門性**

特別支援学校は実際には単一の障がい種を対象とする学校が、全1,125校中876校(約78％)と多数を占める。しかし知的障がいと肢体不自由といったように、複数の障がい(重複障がい)に対応する学校を設置することも可能である(表6-2)。

これらの学校の幼稚部・小学部・中学部では、1学級当たりの幼児児童生徒が6人以下(障がいを2つ以上併せ持つ児童生徒については1学級3人)という学習環境で、きめ細やかな指導が行われている。

表6-2 特別支援学校の主な障がい種と在籍する幼児児童生徒数

	学校数	幼稚部	小学部	中学部	高等部	人数計
視　覚	63	181	567	450	1533	2731
聴　覚	86	1037	1898	1153	1156	5644
知　的	540	65	19866	16755	42269	78955
肢　体	129	38	4866	2916	3352	11192
病　弱	58	-	781	745	722	2248
(単一小計)	876	1321	27998	22019	49432	100770
知・肢	142					
肢・病	15					
知・肢・病	29					
視聴知肢病	17					
(複数小計)	249					
総　計	1125	1476	39896	31043	67406	139821

注）複数種に関しては学校数の比較的多いもののみ掲載し、幼児児童生徒数は省略した。
（文部科学省（2017）『特別支援教育資料（平成28年度）』より）

　そこで働く教員には、特別支援学校が対象とする視覚障がい、聴覚障がい、肢体不自由、知的障がい、病弱（身体虚弱）に関する専門的知識や指導方法、特に実際に指導に当たる幼児児童生徒の障がいに対応した専門的な知識・技能がまず必要である。すなわちスモールステップや言葉がけなどの基本的な指導技術・態度のほか、個々人の障がいの特性・状態の把握とそれに基づく授業実施のための教材教具の選択・開発・利用や、生涯にわたる個別の支援計画を見越した、個別の教育支援計画ならびに個別の指導計画の作成、カリキュラム・マネジメントなど、多岐にわたる能力が求められる。
　加えて特別支援学校は、地域の特別支援教育におけるセンター的な機能を有するようになった。特別支援学校は、幼稚園・小学校・中学校・義務教育学校・高等学校ならびに中等教育学校から要請があった場合、それらの学校に在籍する発達障がいなどの特別なニーズをもった幼児児童生徒に関する教員への相談支援、情報提供、研修協力、施設設備提供などにおいて中心的な役割を担うこととされている（学校教育法第72条など）。
　このため、担任する学級を経営し、幼児児童生徒を指導するのは勿論のこと、1）センター的役割を担うためのコーディネーターとしてのノウハウ・

技術や、2）LD・ADHD・高機能自閉症などのいわゆる学習障がいに関する最新の知識、インクルーシブな教育場面における指導方法にも通暁し、3）前述の学校の要請に応じて相談や支援を行うためのカウンセリング技術やノウハウの集積することもまた、特別支援学校教員の専門性を構成する要素となっている。

(4) 特別支援学校教諭免許状制度の現在

　特別支援学校教諭免許状は、特別支援学校の教員、小中学校における特別支援学級や通級による指導を担当する教員、並びにLD・ADHD・高機能自閉症等の幼児児童生徒に対する特別な指導を担当する教員としての、一定水準の専門的知識・技能の修得を担保するものである。

　特別支援学校の教員は表6-3のように、特別支援教諭免許状のみならず、対象とする幼児児童生徒に応じて（各部に応じて）、幼小中高の教諭普通免許状も取得していることが原則である（教育職員免許法第3条第3項）。

　特別支援学校教諭免許状には一種免許状、二種免許状、専修免許状の3種類の普通免許状がある。特に四年制大学において学士の学位を得ることを基礎資格とする、一種免許状取得のためには、26単位の科目を履修し、障がい種別に共通する基礎的知識・指導方法や、複数の障がいのある児童生徒等の心理、生理及び病理や、教育課程及び指導法の基礎などを身に付けていることが求められる。

　その他に短期大学などでの取得を想定した二種免許状、並びに修士の学位を基礎資格とする専修免許状がある。二種免許状は最小限必要な知識や指導方法を身に付けたものとされ、将来的には一種免許状の取得が推奨されている。また、前節でみたように障がいの重複化・重度化や教育機関の間での連携など、教育現場で求められる専門的知識・技能や素養は年々高まりつつある。とりわけ、地域における特別支援教育のコーディネーターとなる人材には専修免許状の取得が推奨されている。

　但しこれらにはいくつかの例外があり、特別支援学校において自立教科（あん摩マッサージ指圧・鍼・灸、理学療法、音楽、美術・工芸・被服）の教授を専ら担任する教員は、小中高の教諭普通免許状は不要とされる。

表6-3 特別支援学校普通免許状の種類

種類	免許状取得者に求められる専門性・素養など	基礎資格	単位数
専修免許状	特定の障がい種別に対するより深い専門的知識、指導方法等に加え、重度・重複化への対応、地域の小・中学校等における特別支援教育を視野に入れたコーディネートや、特別支援学校のセンター的機能を総合的にコーディネートするために必要な知識や技能を身に付けること。	修士の学位 ＋ 幼小中高の教諭普通免許状	50（一種免許状に加えて24単位）
一種免許状	特別支援教育を担当する教員の標準的な免許状として、すべての障がい種別に共通する基礎的知識・指導方法や、複数の障がいのある児童生徒等の心理、生理及び病理や、教育課程及び指導法の基礎を身に付け、その上で、例えば視覚障がいや聴覚障がいなど特別支援学校の対象となる5種類の障がい種別（盲・聾・知的障がい・肢体不自由・病弱）から1障がい種別を選択するか、又は、大学の履修設定に応じて、選択した1障がい種別に加えその他の障がい種別（言語障がい、情緒障がい、LD・ADHD・高機能自閉症等を含む）についても選択して、一定の専門的な知識、指導方法等を身に付けること。	学士の学位 ＋ 幼小中高の教諭普通免許状	26単位
二種免許状	すべての障がい種別に共通する最小限必要な基礎的・基本的知識や、各障がい種別に対応した指導方法の基礎を身に付けること。 　この免許状は、特別支援教育担当教員を確保するための経過措置として、特別支援学校の教員の免許状取得率向上を図るために取得すべき免許状として位置づけられる。 （将来的には一種免許状取得を目指すことが望ましい）	（短期大学士　法律上は明記なし） ＋ 幼小中高の教諭普通免許状	16単位

（中央教育審議会(2005)『特別支援教育を推進するための制度の在り方について(答申)』を基に作成）

　加えて、幼小中高の教諭免許状を有する者は、「当分の間」特別支援学校の相当する部、例えば小学校教諭免許状所持者であれば小学部において教員になることができるとされている（教育職員免許法附則第16項）。
　特別支援学校教諭免許状の取得を特別支援学校は勿論、特別支援学級や通級による指導を担当する教員にも奨励されているが、特別支援学校教諭免許状保有者は特別支援学校教員においても75.8％（2016年度）と、充足には至っていない為である。

（金子嘉秀）

第2節　通常学級教員と特別な支援の職務

1．特別の支援が必要な子どもたち

　特別の支援が必要な子どもたちの多くは特別支援学校ではなく、小中学校に在籍しているという事実を知っているだろうか。「特別支援教育資料（平成28年度）」をもとに、その数を表6-4に示す。

表6-4　特別支援学校と特別支援学級などの在籍児数

特別支援学校 7万939人(0.7%)	視覚障がい　聴覚障がい　知的障がい　肢体不自由　病弱・身体虚弱		

小・中学校	特別支援学級	21万7839人 (2.2%)	視覚障がい　聴覚障がい 知的障がい　肢体不自由 病弱・身体虚弱 言語障害　自閉症・情緒障害	31万 6150人 3.2%
	通常の学級	通級による指導 9万8311人 (1.0%)	視覚障がい　聴覚障がい 肢体不自由　病弱・身体虚弱 言語障害　自閉症 情緒障害　学習障がい（LD） 注意欠陥多動性障害（ADHD）	
	発達障がい（LD・ADHD・高機能自閉症等）の可能性のある児童生徒 6.5%程度			

(1)特別支援学級

　特別支援学級は、小中学校に設置されている障がいのある児童生徒のための学級である。学校教育法第81条第2項に「知的障害者、肢体不自由者、身体虚弱者、弱視者、難聴者、その他障害のある者で、疾病により療養中の児

表6-5　特別支援学級の学級数と在籍児数（平成28年度）

	小学校		中学校		合　計	
	学級数	児童数	学級数	生徒数	学級数	児童生徒数
知的障害	17,565	71,831	8,571	34,534	26,136	106,365
肢体不自由	2,130	3,302	778	1,116	2,918	4,418
病弱・身体虚弱	1,335	2,265	582	943	1,917	3,208
弱視	369	441	101	111	470	552
難聴	741	1,155	316	462	1,057	1,617
言語障害	499	1,554	122	154	621	1,708
自閉症・情緒障害	16,747	72,032	7,362	27,939	24,109	99,971
合計	39,386	152,580	17,842	65,259	57,228	217,839

童及び生徒」が対象と規定されている。また、このほかに、言語障害者や自閉症・情緒障害者に対しての特別支援学級を置くことができるという通知が出されている。これらの特別支援学級は57,228学級、在籍児童生徒数は217,839人になる（「特別支援教育資料（平成28年度）」）（表6-5）。

(2)通級による指導

　通級による指導は、学校教育法施行規則第140条及び第141条に基づき、小中学校の通常の学級に在籍する障がいのある児童生徒のうち、各教科等の授業は通常の学級で行いながら、障がいに応じた特別の指導を「通級指導教室」という特別の場で行う形態である。在籍する学校内に通級指導教室が設置されていない場合、他校内の設置された通級指導教室に通って指導を受けることが多い。指導は個別指導が中心であるが、必要に応じてグループ学習などを実施している場合もある。指導時間は週に数単位時間程度である。指導内容は、自立活動を中心に行い、必要がある場合は各教科の内容を補充するための指導を行うことができるようになっている。

　なお、2016（平成28）年12月に「学校教育法施行規則の一部を改正する省令」が公布され［2018（平成30）年4月1日施行］、高等学校および中等教育学校

表6-6　通級による指導の対象となる障がいの種類と程度

障がいの種類	程　　度
言語障害者	口蓋裂、構音器官のまひ等器質的又は機能的な構音障害のある者、吃音等話し言葉におけるリズムの障害のある者、話す、聞く等言語機能の基礎的事項に発達の遅れがある者、その他これに準じる者(これらの障害が主として他の障害に起因するものではない者に限る。)で、通常の学級での学習におおむね参加でき、一部特別な指導を必要とする程度のもの
弱視者	拡大鏡等の使用によっても通常の文字、図形等の視覚による認識が困難な程度の者で、通常の学級での学習におおむね参加でき、一部特別な指導を必要とするもの
難聴者	補聴器等の使用によっても通常の話声を解することが困難な程度の者で、通常の学級での学習におおむね参加でき、一部特別な指導を必要とするもの
肢体不自由者、病弱者及び身体虚弱者	肢体不自由、病弱又は身体虚弱の程度が、通常の学級での学習におおむね参加でき、一部特別な指導を必要とする程度のもの
自閉症者	自閉症又はそれに類するもので、通常の学級での学習におおむね参加でき、一部特別な指導を必要とする程度のもの
情緒障害者	主として心理的な要因による選択性かん黙等があるもので、通常の学級での学習におおむね参加でき、一部特別な指導を必要とする程度のもの
学習障害者	全般的な知的発達に遅れはないが、聞く、話す、読む、書く、計算する又は推論する能力のうち特定のものの習得と使用に著しい困難を示すもので、一部特別な指導を必要とする程度のもの
注意欠陥多動性障害者	年齢又は発達に不釣り合いな注意力、又は衝動性・多動性が認められ、社会的な活動や学業の機能に支障をきたすもので、一部特別な指導を必要とする程度のもの

文部科学省　障害のある児童生徒の就学について(通知)　平成14年5月27日
文部科学省　通級による指導の対象とすることが適当な自閉症者、情緒障害者、学習障害者又は注意欠陥多動性障害者に該当する児童生徒について(通知)　平成18年3月31日

の後期課程においても通級による指導が実施できるようになった。

(3)**通常の学級に在籍する発達障がいのある子どもたち**
　2012(平成24)年に文部科学省が行った調査では、通常の学級に在籍している発達障がい(LD・ADHD・高機能自閉症等)の可能性のある児童生徒は

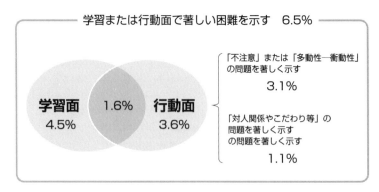

図6-3　通常の学級に在籍する発達障がいのある子ども

6.5％程度の在籍率だった。40人学級を想定すると、1学級あたり2〜3人程度が該当することになり、発達障がい以外の障がいのある子どもも少なからず通常の学級に在籍していることを考えると、通常の学級の教員を志望する場合にも、障がいのある子どもたちの理解や指導・支援についての知識が必要となることがわかる。

(4)日本語指導が必要な児童生徒

　障がいはないが特別の教育的支援が必要とされる子どもとして、「日本語指導が必要な子ども」がいる。近年、公立学校において、日本語指導が必要な児童生徒が多く在籍している。文部科学省は日本語指導が必要な児童生徒の受入状況等について2年ごとに調査を行っている。この調査における「日本語指導が必要な児童生徒」とは、「日本語で日常会話が十分にできない児童生徒」及び「日常会話ができても、学年相当の学習言語が不足し、学習活動への参加に支障が生じており、日本語指導が必要な児童生徒」のことをいう。平成28年5月1日現在の調査では、日本語指導が必要な外国籍の児童生徒は34,335人（小学校3,272人、中学校983人、高等学校643人、特別支援学校84人、中等教育学校4人、義務教育学校159人）で、2年前より5,137人増加している。さらに、日本語指導が必要な日本国籍の児童生徒も全体で9,612人で2年前より1,715人増加している。

表6-7 日本語指導が必要な児童生徒数の推移

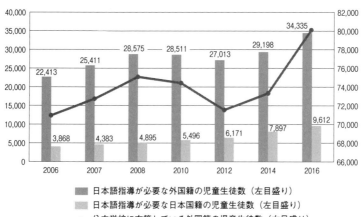

「『日本語指導が必要な児童生徒の受入状況等に関する調査(平成28年度)』の結果について」(文部科学省)のデータを元に筆者が作成

　小学校や中学校などの義務教育諸学校に在籍するこれらの子どもたちの中で、「特別の教育課程」による日本語指導を行っている外国籍の児童生徒は11,251人(全体の42.6％)、日本国籍の児童生徒は2,767人(18.8％)になっている。日本語指導が必要な外国籍の児童生徒の約4分の1がポルトガル語を母語としており、次いで中国語23.9％、フィリピノ語18.3％、スペイン語10.5％で、この4言語で全体の78.2％を占めている。
　日本語指導の内容としては、「文字・表記・語彙・文法や学校への適応や教科学習に参加するための基礎的な力をつける」ことが最も多く行われている。この他、「在籍学級での学修内容を先行して学習したり、復習したりする教科の補習」や「挨拶や体調を伝えることば、教科名や身の回りのものの名前などを知って使えるようにする」指導なども行われている。
　しかし、日本語指導を行う指導者(教員、日本語指導支援員など)がいないために、日本語指導が必要であるが学校において日本語指導など特別な指導を受けられていない子どもたちも多くいるなど、課題は多い。

(5)子どもの貧困

　障がいはないが特別の教育的支援が必要とされる子どもには「貧困状態にある子ども」も含めて考える必要がある。2014（平成26）年8月に閣議決定された「子供の貧困対策に関する大綱」に記載されている子どもの貧困に関する指標からいくつかを抜粋する。子どもの貧困率は16.3％で OECD 加盟34カ国中25位、生活保護世帯の子どもの高等学校進学率90.8％（全体では98.6％）。高等学校中退率は5.3％だった。およそ6人に1人の割合で子どもが貧困状態にあるといえる。大綱には様々な施策の必要性が書かれているが、教育の支援については「学校を子供の貧困対策のプラットホームと位置づけて総合的に対策を推進するとともに、教育費負担の軽減を図る」ことが記載されている。そのために、①学校教育による学力保障、②学校を窓口とした福祉関連機関との連携、③経済的支援を通じて、学校から子どもを福祉的支援につなげることが必要とされている。家庭が貧困であることより学力不振に陥る可能が少なからずあり、貧困家庭に育った子どもが社会人になっても貧困に陥ってしまう「貧困の連鎖」を断ち切るためにも、教育の中で特別の教育的支援が求められている。

2．特別支援教育コーディネーターの職務と「チーム学校」

(1)特別支援教育コーディネーター

　特別支援学校同様に、小中学校においても特別支援教育コーディネーターが指名されている。特別支援教育コーディネーターは、保護者や関係機関に対しての学校の窓口としての役割や学校内の関係者や福祉、医療機関、特別支援学校との連絡調整役としての役割を担うなど、学校内において特別支援教育を推進する中心となる教員である。小中学校における特別支援教育コーディネーターの役割として次のような内容がある。

1　校内の教員に対して
・担任等の相談窓口
・特別な支援を必要とする児童生徒の実態把握に関わること
・校内委員会の開催

- 教職員研修の企画・運営
- 個別の指導計画や個別の教育支援計画作成への助言
- 教職員への情報提供
2 保護者に対して
- 保護者の相談窓口
3 校外の関係機関に対して
- 関係機関の情報収集
- 専門機関等への相談をする際の情報収集や連絡調整
- 校内と校外の関係者をつなぐ連絡窓口
- 専門家チームや巡回相談との連絡調整
- 地域の関係機関とのネットワークの構築

(2)「チーム学校」

　複雑化・多様化した課題を解決し、子どもに必要な資質・能力を育んでいくために、様々な専門スタッフと協力していくチームとしての学校が求められている。

　「チーム学校」を実現するためには、「専門性に基づくチーム体制の構築」、「学校マネジメント機能の強化」、「教職員一人一人が力を発揮できる環境の整備」の3つの視点に沿った施策を講じていく必要があるとされている(中央教育審議会「チームとしての学校のあり方と今後の改善方策について(答申)」)。多様な経験や専門性を持った人材を学校教育の中で生かしていくためには、教員が、子どもたちの状況を総合的に把握して指導を行うことが必要とされ、関連職種との協働による学校文化の創出が求められている。特別の支援が必要な子どもたちの場合、スクールカウンセラーやスクールソーシャルワーカー、言語聴覚士、理学療法士、作業療法士、医師、看護師、臨床心理などとの連携により、子どもの実態の把握(アセスメント)と支援の具体的な方法や成果などの情報の共有が必要である。

(3)校内委員会

　特別支援教育の推進に当たってはチームとしての学校の実現が非常に重要

である。複数の立場や視点からの子どもの支援を考える例として「校内委員会」について説明を加える。

校内委員会は、校内での特別支援教育を進める上で中心となる組織で、特別支援教育コーディネーターが中心となって、校長、教頭、教務主任、養護教諭、担任、学年主任等で組織されるが、内容によっては、スクールカウンセラーや特別支援教育支援員、生徒指導主事やスクールソーシャルワーカーなどが加わる場合もある。

校内委員会は①対象となる子どもの実態の把握②問題状況の把握③支援体制や具体的な方策についての検討④今後の方向性についての確認等⑤実施した支援策の評価と今後の検討についての協議が行われ、さらに必要に応じて⑥そのための校内研修⑦専門関係機関等への支援要請の検討について協議される。

（中瀬浩一）

参考文献等

上田敏『ICFの理解と活用』きょうされん　2005年
国立特別支援教育総合研究所『特別支援教育の基礎・基本』ジアース新教育社　2015年
中村満記男・荒川智編『障害児教育の歴史』明石書店　2003年
国立特別支援教育総合研究所『特別支援教育の基礎・基本』ジアース新教育社　2015年
文部科学省『特別支援学校学習指導要領解説　総則等編』教育出版　2009年
文部科学省『特別支援学校　幼稚園教育要領　小学部・中学部学習指導要領　高等部学習指導要領』教育出版　2015年
文部科学省『特別支援学校学習指導要領解説　自立活動編』教育出版　2015年
文部科学省『平成28年度学校基本調査』文部科学省ウェブサイト
　URL：http://www.mext.go.jp/b_menu/toukei/chousa01/kihon/kekka/k_detail/1375036.htm（アクセス年月日：2017年9月25日）
文部科学省初等中等教育局特別支援教育課編著「特集　学習指導要領等の改訂Ⅰ」『季刊特別支援教育』2017年5月号　東洋館出版社　2017年
文部科学省中央教育審議会『特別支援教育を推進するための制度の在り方について（答申）』文部科学省ウェブサイト
　URL：http://www.mext.go.jp/b_menu/shingi/chukyo/chukyo0/toushin/05120801.htm
　（アクセス年月日：2017年9月25日）
文部科学省　特別支援教育資料（平成28年度）　平成29年6月
文部科学省　障害のある児童生徒の就学について（通知）平成14年5月27日
文部科学省　通級による指導の対象とすることが適当な自閉症者、情緒障害者、学習障害

者又は注意欠陥多動性障害者に該当する児童生徒について（通知）　平成18年3月31日
文部科学省　通常の学級に在籍する発達障害の可能性のある特別な教育的支援を必要とする児童生徒に関する調査結果について　平成24年12月
中央教育審議会「チームとしての学校のあり方と今後の改善方策について（答申）」平成27年12月21日
　　http://www.mext.go.jp/b_menu/shingi/chukyo/chukyo0/toushin/1365657.htm
　　「日本語指導が必要な児童生徒の受入状況等に関する調査（平成28年度）」の結果について　　http://www.mext.go.jp/b_menu/houdou/29/06/1386753.htm
子供の貧困対策に関する大綱
　　http://www8.cao.go.jp/kodomonohinkon/pdf/taikou.pdf

巻　末　資　料

日本国憲法（抜粋）
教育基本法（抜粋）
学校教育法（抜粋）

教育公務員特例法（抜粋）
地方公務員法（抜粋）
学校教育法施行規則（抜粋）

日本国憲法（抜粋）
（昭和21年11月3日公布）
（昭和22年5月3日施行）

第3章　国民の権利及び義務
（法の下の平等、貴族制度の否認・栄典）
第14条　すべて国民は法の下に平等であって、人種、信条、性別、社会的身分又は門地により、政治的、経済的又は社会的関係において、差別されない。
②以下略
（公務員の選定罷免権、公務員の本質、普通選挙、秘密投票の保障）
第15条　公務員を選定し、及びこれを罷免することは国民固有の権利である。
②すべて公務員は全体の奉仕者であって一部の奉仕者ではない。
③公務員の選挙については、成年者による普通選挙を保障する。
④すべて選挙による投票の秘密は、これを侵してはならない。選挙人は、その選択に関し公的にも私的にも責任を問はれない。
（学問の自由）
第23条　学問の自由は、これを保障する。
（教育を受ける権利、教育を受けさせる義務、義務教育の無償）
第26条　すべて国民は、法律の定めるところにより、その能力に応じてひとしく教育を受ける権利を有する。
②すべて国民は、法律の定めるところにより、その保護する子女に普通教育を受けさせる義務を負ふ。義務教育は、これを無償とする。

教育基本法（抜粋）
（平成18年12月22日）
（法律第120号）

我々日本国民は、たゆまぬ努力によって築いてきた民主的で文化的な国家を更に発展させるとともに、世界の平和と人類の福祉に貢献することを願うものである。
　我々はこの理想を実現するため、個人の尊厳を重んじ、真理と平和を希求し、公共の福祉を尊び、豊かな人間性と創造性を備えた人間の育成を期するとともに、伝統を継承し、新しい文化の創造をめざす教育を推進する。
　ここに、我々は日本国憲法の精神にのっとり、我が国の未来を切り拓く教育の基本を確立し、その振興を図るため、この法律を制定する。

第1章　教育の目的及び理念
（教育の目的）
第1条　教育は人格の完成をめざし、平和で民主的な国家及び社会の形成者として必要な資質を備えた心身共に健康な国民の育成を期して行われなければならない。
（教育の目標）
第2条　教育は、その目的を実現するため、学問の自由を尊重しつつ、次に掲げる目標を達成するため行われるものとする。
1．幅広い知識と教養を身に付け、真理を求める態度を養い、豊かな情操と道徳心を培うとともに、健やかな身体を養うこと。
2．個人の価値を尊重して、その能力を伸ばし、創造性を培い、自主及び自立の精神1．を養うとともに、職業及び生活との関連を重視し、勤労を重んずる態度を養うこと。
3．正義と責任、男女の平等、自他の敬愛と協力を重んずるとともに、公共の精神に基づき、主体的に社会の形成に参画し、その発展に寄与する態度を養うこと。
4．生命を尊び、自然を大切にし、環境の保全に寄与する態度を養うこと。
5．伝統と文化を尊重し、それらをはぐくんできた我が国と郷土を愛するとともに、他国を尊重し、国際社会の平和と発展に寄与する態度を養うこと。

（生涯学習の理念）
第3条　国民一人一人が、自己の人格を磨き、豊かな人生を送ることができるよう、その生涯にわたって、あらゆる機会に、あらゆる場所において学習することができ、その成果を適切に生かすことができる社会の実現が図られなければならない。
（教育の機会均等）
第4条　すべて国民は、ひとしく、その能力に応じた教育を受ける機会を与えられなければならず、人種、信条、性別、社会的身分、経済的地位又は門地によって教育上差別されない。
2．国及び地方公共団体は、障害のある者が、その障害の状態に応じ、十分な教育を受けられるよう、教育上必要な支援を講じなければならない。
3．国及び地方公共団体は、能力があるにもかかわらず、経済的理由によって修学が困難な者に対して、奨学の措置を講じなければならない。

第2章　教育の実施に関する基本

（義務教育）
第5条　国民は、その保護する子に、別に法で定めるところにより、普通教育を受けさせる義務を負う。
2．義務教育として行われる普通教育は、各個人の有する能力を伸ばしつつ社会において自立的に生きる基礎を培い、また国家及び社会の形成者として必要とされる基本的な資質を養うことを目的として行われるものとする。
3．国及び地方公共団体は、普通教育の機会を保障し、その水準を確保するため、適切な役割分担及び相互の協力の下、その実施に責任を負う。
4．国又は地方公共団体の設置する学校における義務教育については、授業料を徴収しない。
（学校教育）
第6条　法律に定める学校は、公の性質を有するものであって、国、地方公共団体及び法律に定める法人のみがこれを設置することができる。
（大学）
第7条　大学は学術の中心として、高い教養と専門的能力を培うとともに、深く真理を探究して新たな知見を創造し、これらの成果を広く社会に提供することにより、社会の発展に寄与するものとする。
（私立学校）
第8条　私立学校の有する公の性質及び学校教育において果たす重要な役割にかんがみ、国及び地方公共団体は、その自主性を尊重しつつ、助成その他の適当な方法によって私立学校教育の振興に努めなければならない。
（教員）
第9条　法律に定める学校の教員は、自己の崇高な使命を深く自覚し、絶えず研究と修養に励み、その職責の遂行に努めなければならない。
2．前項の教員については、その使命と職責の重要性にかんがみ、その身分は尊重され、待遇の適正が期せられるとともに、養成と研修の充実が図られなければならない。
（家庭教育）
第10条　父母その他の保護者は、子の教育について第一義的責任を有するものであって、生活のために必要な習慣を身に付けさせるとともに、自立心を育成し、心身の調和のとれた発達を図るよう努めるものとする。
（幼児期の教育）
第11条　幼児期の教育は、生涯にわたる人格形成の基礎を培う重要なものであることにかんがみ、国及び地方公共団体は、幼児の健やかな成長に資する良好な環境の整備その他適当な方法によって、その振興に努めなければならない。
（社会教育）
第12条　個人の要望や社会の要請にこたえ、社会において行われる教育は、国及び地方公共団体によって奨励されなければならない。
2．国及び地方公共団体は、図書館、博物館、公民館、その他の社会教育施設の設置、学校の施設の利用、学習の機会及び情報の提供その他の適当な方法によって社会教育の振興に努めなければならない。
（学校、家庭及び地域住民等の相互の連携協力）
第13条　学校、家庭及び地域住民その他の関係者は、教育におけるそれぞれの役割と責任を自覚するとともに、相互の連携及び協力に努めるものとする。
（政治教育）
第14条　良識ある公民として必要な政治的教養は、教育上尊重されなければならない。

2．法律に定める学校は、特定の政党を支持し、またはこれに反対するための政治教育その他政治的活動をしてはならない。
（宗教教育）
第15条　宗教に対する寛容の態度、宗教に関する一般的な教養及び宗教の社会生活における地位は、教育上尊重されなければならない。
2．国及び地方公共団体が設置する学校は、特定の宗教のための宗教教育その他宗教的活動をしてはならない。

第3章　教育行政
（教育行政）
第16条　教育は不当な支配に服することなく、この法律及び他の法律の定めるところにより行われるべきものであり、教育行政は、国と地方公共団体との適切な役割分担及び相互の協力の下、公正かつ適正に行われなければならない．
2．国は、全国的な機会均等と教育水準の維持向上を図るため、教育に関する施策を総合的に策定し、実施しなければならない。
3．地方公共団体はその地域における教育の振興を図るため、その実情に応じた教育に関する施策を策定し、実施しなければならない。
4．国及び地方公共団体は、教育が円滑かつ継続的に実施されるよう、必要な財政上の措置を講じなければならない。
（教育振興基本計画）
第17条　政府は教育の振興に関する施策の総合的かつ計画的な推進を図るため、教育の振興に関する施策についての基本的な方針及び講ずべき施策その他必要な事項について、基本的な計画を定め、これを国会に報告するとともに、公表しなければならない。
2．地方公共団体は、前項の計画を参酌し、その地域の実情に応じ、当該地方公共団体における教育の振興のための施策に関する基本的な計画を定めるよう努力しなければならない。

第4章　法令の制定
第18条　この法律に関する諸条項を実施するため、必要な法令が制定されなければならない。
附則
1．この法律は公布の日から施行する。

学校教育法（抜粋）
$\begin{pmatrix} 昭和22年3月31日　法26 \\ 改定　平成19年6月27日　法96 \end{pmatrix}$

第1章　総則
（学校の範囲）
第1条　この法律で学校とは、幼稚園、小学校、中学校、義務教育学校、高等学校、中等教育学校、特別支援学校、大学及び高等専門学校とする。
（学校の設置者）
第2条　一部抜粋　学校は、国（国立大学法人及び独立行政法人国立高等専門学校機構を含む）、地方自治体（公立大学法人を含む）及び私立学校法第3条に規定する学校法人（以下学校法人と証する。）のみが、これを設置することができる。
2．この法律で国立学校とは国の設置する学校を、公立学校とは地方公共団体の設置する学校を、私立学校とは、学校法人の設置する学校をいう。
（授業料の徴収）
第6条　学校においては授業料を徴収することができる。ただし、国立又は公立の小学校、中学校、中等教育学校の前期課程又は特別支援学校の小学部及び中学部における義務教育については、これを徴収することはできない。
（校長・教員の配置）
第7条　学校には校長及び相当数の教員を置かねばならない。
（校長・教員の欠格事由）
第9条　次の各号のいずれかに該当する者は、校長又は教員になることはできない。
1．成人被後見人又は被保佐人
2．禁固以上の刑に処せられた者
3．教員免許法第10条第一項又は第三号に該当することにより免許状がその効力を失い、当該失効の日から3年を経過しない者
4．教育職員免許法第10条第1項第2号又は第3号に該当することにより免許状がその効力を失い、当該執行の日から三年を経過しない者
5．日本国憲法施行の日以後において、日本国憲法又はその下に成立した政府を暴力で破壊することを主張する政党又はその他の団体を結成し、又はこれに加入した者
（児童・生徒等の懲戒）
第11条　校長及び教員は、教育上必要あると認めるときは、文部科学大臣の定めるとこ

ろにより、児童、生徒及び学生に懲戒を加えることができる。ただし、体罰を加えることはできない。

第2章　義務教育
（義務教育年限）
第16条　保護者（子に対して親権を行う者（親権を行うものがないときは、未成年後見人をいう）以下同じ）は、次条に定めるところにより、子に9年の義務教育を受けさせる義務を負う。
（経済的就学困難への援助義務）
第19条　経済的理由によって、就学困難と認められる学齢児童又は学齢生徒の保護者に対しては、市町村は、必要な援助を与えなければならない。
（学齢児童・生徒使用者の義務）
第20条　学齢児童又は学齢生徒を使用する者は、その使用によって、当該学齢児童又は学齢生徒が、義務教育を受けることを妨げてはならない。
（義務教育の目標）
第21条　義務教育として行われる普通教育は、教育基本法（平成18年法律第120号）第5条第2項に規定する目的を実現するため、次に掲げる目標を達成するよう行われるものとする。
1．学校内外における社会的活動を促進し、自主、自律及び協同の精神、規範意識、公正な判断力並びに公共の精神に基づき主体的に社会の形成に参加し、その発展に寄与する態度を養うこと。
2．学校内外における自然体験活動を促進し生命及び自然を尊重する精神並びに環境の保全に寄与する態度を養うこと。
3．我が国の郷土の現状と歴史について、正しい理解に導き、伝統と文化を尊重し、それらをはぐくんできた我が国と郷土を愛する態度を養うとともに、進んで外国の文化の理解を通じて、他国を尊重し、国際社会の平和と発展に寄与する態度を養うこと。
4．家族と家庭の役割、生活に必要な衣、食、住、情報、産業その他の事項について基礎的な理解と技能を養うこと。
5．読書に親しませ、生活に必要な国語を正しく理解し、使用する基礎的な能力を養うこと。
6．生活に必要な数量的関係を正しく理解し、処理する基礎的な能力を養うこと。
7．生活にかかわる自然現象について、観察及び実験を通じて、科学的に理解し、処理する基礎的な能力を養うこと。
8．健康、安全で幸福な生活のために必要な習慣を養うとともに、運動を通じて体力を養い、心身の調和的発達を図ること。
9．生活を明るくする音楽、美術、文芸その他の芸術について基礎的な理解と技能を養うこと。
10．職業についての基礎的な知識と技能、勤労を重んずる態度及び個性に応じて将来の進路を選択する能力を養うこと。

第3章　幼稚園
（幼稚園の目的）
第22条　幼稚園は、義務教育及びその後の教育の基礎を培うものとして、幼児を保育し、幼児の健やかな成長のために適当な環境を与えて、その心身の発達を助長することを目的とする。

第4章　小学校
（小学校の目的）
第29条　小学校は心身の発達に応じて、義務教育として行われる普通教育のうち基礎的なものを施すことを目的とする。
（教科用図書その他の教材の使用）
第34条　小学校においては、文部科学大臣の検定を経た教科用図書又は文部科学省が名義の教科用図書を使用しなければならない。
2．前項の教科書以外の図書その他の教材で、有益適切なものは、これを使用することができる。
3．略
（児童の出席停止）
第35条　市町村の教育委員会は、次に掲げる行為の一又は二以上を繰り返し行う等性行不良であって他の生徒の児童の教育に妨げがあると認める生徒があるときは、児童の出席停止を命ずることができる。
1．他の児童に傷害、心身の苦痛又は財産上の損失を与える行為
2．職員に傷害又は心身の苦痛を与える行為
3．施設又は設備を破壊する行為
4．授業その他の教育活動の実施を妨げる行為
②市町村の教育委員会は、前項の規定により出席停止を命ずる場合には、あらかじめ保護者の意見を聴取するとともに、理由及び期間を記載した文書を交付しなければなら

ない。
3．以下略
（職員）
第37条　小学校には、校長、教頭、教諭、養護教諭及び事務職員を置かねばならない。
②小学校には前項に規定する者のほか、副校長、主幹教諭、指導教諭、栄養教諭その他必要な職員を置くことができる。
③第1項の規定にかかわらず、副校長を置くときその他特別の事情のあるときは教頭を、養護をつかさどる主幹教諭を置くときは養護教諭を、特別の事情のあるときは事務職員を、それぞれ置かないことができる。
④校長は公務をつかさどり、所属職員を監督する。
⑤副校長は校長を助け、命をうけて校務をつかさどる。
⑥副校長は校長に事故あるときはその職務を代理し、校長が欠けたときはその職務を行う。この場合において、副校長が二人以上あるときは、あらかじめ校長が定めた順序で、その職務を代理し又は行う。
⑦教頭は校長（副校長を置く小学校においては校長及び副校長）を助け、校務を整理し、及び必要に応じて児童の教育をつかさどる。
⑧教頭は校長（副校長を置く小学校において校長及び副校長）に事故あるときは校長の職務を代理し、校長（副校長を置く小学校において校長及び副校長）が欠けたときは校長の職務を行う。この場合において、教頭が二人以上あるときは、あらかじめ校長が定めた順序で、その職務を代理し又は行う。
⑨主幹教諭は校長（副校長を置く小学校においては校長及び副校長）及び教頭を助け、命を受けて校務の一部を整理し、並びに児童の教育をつかさどる。
⑩指導教諭は児童の教育をつかさどり、並びに教諭その他の職員に対して、教育指導の改善及び充実のために必要な指導及び助言を行う。
⑪教諭は児童の教育をつかさどる。
⑫養護教諭は、児童の養護をつかさどる。
⑬栄養教諭は、児童の栄養の指導及び管理をつかさどる。
⑭事務職員は事務に従事する。
⑮助教諭は教諭の職務を助ける。
⑯講師は、教諭又は助教諭に準ずる職務に従事する。
⑰養護助教諭は養護教諭の職務を助ける。
⑱以下略

第5章　中学校
（中学校の目的）
第45条　中学校は、小学校における基礎の上に、心身の発達に応じて、義務教育として行われる普通教育を施すことを目的とする。

第5章の2
（義務教育学校の目的）
第49条の2　義務教育学校は、心身の発達に応じて、義務教育として行われる普通教育を基礎的なものから一貫して施すことを目的とする。

第6章　高等学校
（高等学校の目的）
第50条　高等学校は、中学校における教育の基礎の上に、心身の発達及び進路に応じて、高度な普通教育及び専門教育を施すことを目的とする。
（定時制の課程）
第53条　高等学校には、全日制の課程のほか、のほか、定時制の課程を置くことができる。
②高等学校には定時制の課程のみ置くことができる。
（通信制の課程）
第54条　高等学校には全日制の課程又は定時制の課程のほか、通信制の課程を置くことができる。
②高等学校には通信制の課程のみ置くことができる。
③以下略

第7章　中等教育学校
（中等教育学校の目的）
第63条　中等教育学校は小学校における教育の基礎の上に、心身の発達及び進路に応じて、義務教育として行われる普通教育並びに高度な普通教育及び専門教育を一貫して施すことを目的とする。

第8章　特別支援教育
（特別支援教育の目的）
第72条　特別支援学校は、視覚障害者、聴覚障害者、知的障害者、肢体不自由者又は病弱者（身体虚弱者を含む。以下同じ。）に対して、幼稚園、小学校、中学校又は高等学

校に準ずる教育を施すとともに、障害による学習上又は生活上の困難を克服し自立を図るために必要な知識技能を授けることを目的とする。
（小学部・中学部の設置義務と幼稚園・高等部）
第76条　特別支援学校には小学部及び中学部を置かなければならない。ただし特別の事情のある場合においては、そのいずれかのみを置くことができる。
② 特別支援学校には小学部及び中学部のほか、幼稚園又は高等部を置くことができ、また、特別の必要のある場合においては前項の規定にかかわらず、小学部及び中学部を置かないで幼稚部又は高等部のみを置くことができる。

学校教育法施行規則（抜粋）
（昭和22年5月23日　文部令11）
（改正　平成28年3月31日　文部令19）

第1章　総則
第1節　設備廃止等
（学校の施設設備と位置）
第1条　学校には、その目的を実現するために必要な校地、校舎、校具、運動場、図書館又は図書室、保健室その他の設備を設けなければならない。
② 学校の位置は、教育上適切な環境に、これを定めなければならない。

第2節　校長、副校長、教頭の資格
（校長の資格）
第20条　校長（学長及び高等専門学校の校長を除く）の資格は次の各号のいずれかに該当するものとする。
1．教育職員免許法（昭和24年法律第147号）による教諭の専修免許状又は一種免許状（高等学校及び中等教育学校にあっては、専修免許状）を有し、かつ次に掲げる職（以下「教育に関する職」という。）に5年以上あったこと。
イ、学校教育法第1条に規定する学校及び同法125条に規定する専修学校の校長（就学前の子どもに関する教育、保育等の総合的な提供の推進に関する法律（平成18年法律第77号）第2項に規定する幼保連携型認定子ども園（以下「幼保連携型子ども園」という。）の園長を含む。）の職
ロ、学校教育法第1条に規定する学校及び幼保連携型認定子ども園の教授、准教授、助教、副校長（幼保連携型認定子ども園の副園長を含む。）教頭、主幹教諭（幼保連携型認定子ども園の主幹養護教諭及び主幹栄養教諭を含む。）指導教諭、助教諭、養護教諭、養護助教諭、栄養教諭、主幹保育教諭、指導保育教諭、保育教諭、助保育教諭、講師（常時勤務の者に限る。）及び同法124条に規定する専修学校の教員（以下本条中「教員という。」の職以下ハ～ヌまで略
2．教育に関する職に10年以上あったこと

第3節　管理
（指導要録）
第24条　校長は、その学校に在籍する児童等の指導要録（学校教育法施行令第31条に規定する児童等の学習及び健康の状況を記録した書類の原本を言う。以下同じ。）を作成しなければならない。
② 校長は児童等が進学した場合においてはその作成に係る当該児童等の指導要録の抄本又は写しを作成し、これを進学先の校長に送付しなければならない。
③ 以下略

（出席簿）
第25条　校長（学長を除く）は、当該学校に在学する児童等について出席簿を作成しなければならない。

（懲戒）
第29条　校長及び教員が児童等に懲戒を加えるに当たっては、児童等の心身の発達に応ずる等必要な配慮をしなければならない。
② 懲戒のうち、退学、停学及び訓告の処分は、校長（大学にあっては学長の委任を受けた学部長を含む。）が行う。
③ 前項の退学は、公立の小学校、中学校（学校教育法第71条の規定により高等学校における教育と一貫した教育を施すもの（以下「併設型中学校」という。）を除く。）、義務教育学校又は特別支援学校に在籍する学齢児童、学齢生徒を除き、次の各号のいずれかに該当する児童等に対して行うことができる。
1．性行不良で改善の見込みがないと認められる者
2．学力劣等で成業の見込みがないと認められる者
3．正当の理由がなくて出席常でない者
4．学校の秩序を乱し、その他学生又は生徒としての本分に反した者
④ 第2項の停学は学齢児童、学齢生徒に対し

ては、行うことはできない。
④学長は、学生に対する第2項の退学、停学及び訓告の処分の手続きを定めなければならない。

第3章　幼稚園
（設置基準）
第36条　幼稚園の設備、編成、その他設置に関する事項は、この章に定めるもののほか幼稚園設置基準（昭和31年文部省令32号）の定めるところによる。

第4章　小学校
第1節　設備編成
（設置基準）
第40条　小学校の設備、編成、その他設置に関する事項は、この章に定めるもののほか小学校設置基準（平成14年文科省令第14号）の定めるところによる。
（校務分掌）
第43条　小学校においては、調和のとれた学校運営が行われるためにふさわしい校務分掌の仕組みを整えるものとする。
（教務主任・学年主任）
第44条　小学校には教務主任、学年主任を置くものとする。
2．前項の規定にかかわらず、第4項に規定する教務主任の担当する校務を整理する主幹教諭を置くときその他特別の事情のあるときは教務主任を、第5項に規定する学年主任の担当する校務を整理する主幹教諭を置くときその他特別の事情のあるときは学年主任を、それぞれ置かないことができる。
3．教務主任及び学年主任は、指導教諭又は教諭をもって、これに充てる。
4．教務主任は、校長の監督を受け、教育計画の立案その他教務に関する事項について連絡調整及び指導、助言に当たる。
5．学年主任は校長の監督を受け、当該学年の教育活動に関する事項について連絡調整及び指導、助言に当たる。
（保健主事）
第45条　小学校においては、保健主事を置くものとする。
2．前項の規定にかかわらず、第4項に規定する保健主事の担当する校務を整理する主幹教諭を置くときその他特別の事情のあるときは、保健主事を置かないことができる。
3．保健主事は、指導教諭、教諭又は養護教諭をもってこれに充てる。
4．保健主事は、校長の監督を受け、小学校における保健に関する事項の管理に当たる。
（事務主任）
第46条　小学校には事務長又は事務主任を置くことができる。
2．事務長及び事務主任は事務職員をもって、これに充てる。
3．事務長は校長の監督を受け、事務職員その他の職員が行う事務を総括し、その他事務をつかさどる。
4．事務主任は、校長の監督を受け、事務をつかさどる。
（職員会議の設置）
第48条　小学校には、設置者の定めるところにより、校務の円滑な執行に資するため、職員会議を置くことができる。
2．職員会議は校長が主宰する。
（学校評議員の設置）
第49条　小学校には設置者の定めるところにより、学校評議員を置くことができる。
2．学校評議員は、校長の求めに応じ、学校運営に関し意見を述べることができる。
3．学校評議員は、当該小学校の職員以外の者で教育に関する理解及び識見を有するもののうちから、校長の推薦により、当該小学校の設置者が委嘱する。
第2節　教育課程
（教育課程の編成）
第50条　小学校の教育課程は、国語、社会、算数、生活、音楽、図画工作、家庭及び体育の各教科（以下この節において「各教科」という。）道徳、外国語活動、総合的な学修の時間並びに特別活動によって編成するものとする。
2．私立の小学校の教育課程を編成する場合は、前項の規定にかかわらず、宗教を加えることができる。この場合においては、宗教を以て前項の道徳に代えることができる。
（教育課程の基準）
第52条　小学校の教育課程については、この節に定めるもののほか、教育課程の基準として文部科学大臣が別に公示する小学校学習指導要領によるものとする。
（履修困難な各教科の学習指導）
第54条　児童が心身の状況によって履修することが困難な各教科は、その児童の心身の状況に適合するよう課さなければならない。

（課程の修了・卒業の認定）
第57条　小学校において各課程の修了又は卒業を認めるに当たっては、児童の卒業の成績を評価して、これを定めなければならない。
（卒業証書の授与）
第58条　校長は小学校の全課程を修了したと認めた者には、卒業証書を授与しなければならない。
第3節　学年及び授業日
（学年）
第59条　小学校の学年は、4月1日に始まり、翌年3月31日に終わる。
（授業終始の時刻）
第60条　授業終始の時刻は校長が定める。
（公立小学校の休業日）
第61条　公立小学校における休業日は、次のとおりとする。ただし、第3号に掲げる日を除き、当該学校を設置する地方公共団体の教育委員会が必要と認める場合は、この限りではない。
1．国民の祝日に関する法律（昭和23年法律178号）に規定する日
2．日曜日及び土曜日
3．学校教育法施行令第29条の規定により教育委員会が定める日
（私立小学校の休業日）
第62条　私立小学校における学期及び休業日は、当該学校の学則で定める。
（非常変災害による臨時休業）
第63条　非常変災その他急迫の事情があるときは、校長は、臨時に授業を行わないことができる。この場合において、公立小学校についてはこの旨を当該学校を設置する地方公共団体の教育委員会に報告しなければならない。

第5章　中学校
（生徒指導主事）
第70条　中学校には生徒指導主事を置くものとする。
2．前項の規定にかかわらず、第4項に規定する生徒指導主事の担当する校務を整理する主幹教諭を置くときその他特別の事情のあるときは、生徒指導主事を置かないことができる。
3．生徒指導主事は、指導教諭、又は教諭をもってこれに充てる。
4．生徒指導主事は、校長の監督を受け、生徒指導に関する事項をつかさどり、当該事項について連絡調整及び指導、助言に当たる。
（進路指導主事）
第71条　中学校には進路指導主事を置くものとする。
2．前項の規定にかかわらず、第3項に規定する進路指導主事の担当する校務を整理する主幹教諭を置くときは、進路指導主事を置かないことができる。
3．進路指導主事は、指導教諭、又は教諭をもってこれに充てる。校長の監督を受け、生徒の職業選択の指導その他の進路の指導に関する事項をつかさどり、当該事項について連絡調整及び指導、助言に当たる。
（教育課程の編成）
第72条　中学校の教育課程は、国語、社会、数学、理科、音楽、美術、保健体育、技術・家庭及び外国語の各教科（以下本章及び第7章中「各教科」という。）道徳、総合的な学習の時間並びに特別活動によって編成するものとする。

第5章の2　義務教育学校並びに中学校併設型小学校および小学校併設型中学校
第1節　義務教育学校
（設置基準）
第79条の2　義務教育学校の前期課程の設備、編成その他設置に関する事項については、小学校設置基準の規定を準用する。
2．義務教育学校の後期課程の設備、編成その他設置に関する事項については、中学校設置基準の規定を準用する。

第6章　高等学校
第1節　設備、編成、学科及び教育課程
（設置基準）
第80条　高等学校の設備、編成、学科の種類その他設置に関する事項は、この節に定めるもののほか、高等学校設置基準（平成16年文部科学省令第20号）の定めるところによる。
第81条　2以上の学科を置く高等学校には専門教育を主とする学科（以下「専門学科」という。）ごとに学科主任を置き、農業に関する専門学科を置く高等学校には農場長を置くものとする。
2．前項の規定にかかわらず、第4項に規定する学科主任の担当する校務を整理する主幹教諭を置くときその他特別の事情のあるときは学科主任を、第5項に規定する農場

長の担当する校務を整理する主幹教諭を置くときその他特別の事情のあるときは農場長を、それぞれ置かないことができる。
3．学科主任及び農場長は、指導教諭又は教諭をもってこれを当てる。
4．学科主任は、校長の監督を受け、当該学科の教育活動に関する事項について連絡調整及び指導助言に当たる。
5．農場長は、校長の監督を受け、農業に関する実習地及び実習施設の運営に関する事項をつかさどる。

(事務長)
第82条　高等学校には、事務長を置くものとする。
2．事務長は、事務職員を以て、これに充てる。
3．事務長は校長の監督を受け、事務職員その他の職員が行う事務を総括し、その他事務をつかさどる。

第7章　中等教育学校並びに併設型中学校及び併設型高等学校

第1節　中等教育学校
(設置基準)
第105条　中等教育学校の設置基準は、この章に定めるもののほか、別に定める。
(前期・後期課程の基準)
第106条　中等教育学校の前期課程の設備、編成、その他設置に関する事項については、中学校設置基準の規定を準用する。
2．中等教育学校の後期課程の設備、編成、学科の種類、その他設置に関する事項については、高等学校設置基準の規定を準用する。
(入学の許可)
第110条　中等教育学校の入学は、設置者の定めるところにより、校長が許可する。
2．前項の場合において、公立の中等教育学校については、学力検査を行わないものとする。

教育公務員特例法（抜粋）

（昭和24年1月12日　法律第1号）
（改正　平成28年11月28日　法87）

第1章　総則

(この法律の趣旨)
第1条　この法律は、教育を通じて国民全体に奉仕する教育公務員の職務とその責任の特殊性に基づき、教育公務員の任免、分限、懲戒、服務及び研修について規定する、
(定義)
第2条　この法律において、「教育公務員」とは地方公務員おうち学校(学校教育法(昭和22年法律第26号)第1条に規定する学校及び就学前の子どもに関する教育、保育等の総合的な提供の推進に関する法律(平成18年法律第77号)第2条第7項に規定する幼保連携型認定こども園(以下「幼保連携型認定こども園」という。)を言う。以下同じ。)であって地方公共団体が設置するもの(以下「公立学校」という。)の学長、校長(園長を含む。以下同じ)教員及び部局長並びに教育委員会の専門的教育職員をいう。
2．この法律において「教員」とは公立学校の教授、准教授、助教、副校長(副園長を含む以下同じ。)教頭、主幹教諭(幼保連携型こども園の主幹養護教諭及び主幹栄養教諭を含む。以下同じ。)指導教諭、教諭、助教諭、養護教諭、養護助教諭、栄養教諭、主幹保育教諭、指導保育教諭、保育教諭、助保育教諭及び講師(常時勤務の者及び地方公務員法(昭和25年法律第261号)第28条の5第1項に規定する短時間勤務の職を占める者に限る。第23条第2項を除き、以下同じ。)をいう。
3～4　略
5．この法律で「専門的教育職員」とは指導主事及び社会教育主事をいう。

第3章　服務

(兼職及び他の事業等の従事)
第17条　教育公務員は、教育に関する他の職を兼ね、又は教育に関する他の事業若しくは事務に従事することが本務の遂行に支障がないと任命権者(市町村教育委員会等　以下略)において認める場合には給与を受け、又は受けないで、その職を兼ね、又はその事業若しくは事務に従事することができる。
2．以下略
(公立学校の教育公務員の政治的行為の制限)
第18条　公立学校の教育公務員の政治的行為の制限については、当分の間、地方公務員第36条の規定にかかわらず、国家公務員の例による。
2．以下略

第4章 研修
（研修）
第21条　教育公務員は、その職責を遂行するために、絶えず研修と修養に努めなければならない。
2．教育公務員の任命権者は、教育公務員（公立の小学校等の校長及び教員（臨時的に任用される者その他政令で定める者を除く。以下この章において同じ。）を除く。）の研修について、それに要する施設、研修を奨励するための方途その他研修に関する計画を樹立し、その実施に努めなければならない。

（研修の機会）
第22条　教育公務員には、研修を受ける機会が与えられなければならない。
2．教員は授業に支障のない限り、本属長の承認を受けて、勤務場所を離れて研修を行うことができる。
3．教育公務員は、任命権者の定めるところにより、現職のままで、長期にわたる研修を受けることができる。

（初任者研修）
第23条　公立の小学校等の教諭等（臨時的に任用された者その他の政令で定める者を除く。）に対して、その採用（現に教諭等の職以外の職に任命されている者を教諭等の職に任命する場合を含む。附則第5条第1項において同じ。）の日から1年間の教諭又は保育教諭の職務の遂行に必要な事項に関する実践的な研修（以下「初任者研修」という。）を実施しなければならない。
2．任命権者は、初任者研修を受ける者（次項において「初任者」という。）の所属する学校の副校長、教頭、主幹教諭（養護又は栄養の指導及び管理をつかさどる主幹教諭を除く。）、指導教諭、教諭、主幹保育諭、指導保育教諭、保育教諭又は講師のうちから、指導教員を命ずるものとする。
3．指導教員は、初任者に対して教諭又は保育教諭の職務の遂行に必要な事項について指導及び助言を行うものとする。

（指導改善研修）
第25条　公立の小学校等の教諭等の任命権者は生徒又は幼児（以下児童等という。）に対する指導が不適切であると認定した教諭等に対して、その能力、適性等に応じて、当該指導の改善を図るために必要な事項に関する研修（以下「指導改善研修」という。）を実施しなければならない。

2．以降略
第25条の2　任命権者は、前条第4項の認定において指導の改善が不十分でなおない児童等に対する指導を適切に行うことができない教諭等に対して、免職その他の必要な措置を講ずるものとする。

教育職員免許法（抜粋）
（　昭和24年5月31日　　法147　）
（　改正　平成28年11月28日　法87　）

第1章　総則
（この法律の目的）
第1条　この法律は、教育職員の免許に関する基準を定め、教育職員の資質の保持と向上を図ることを目的とする。
（免許）
第3条　教育職員は、この法律により、授与する各相当の免許状を有する者でなければならない。
2．以下略

第2章　免許状
（種類）
第4条　免許状は普通免許状、特別免許状及び臨時免許状とする。
2．普通免許状は、学校（義務教育学校、中等教育学校及び認定こども園を除く。）の種類ごとの教諭の免許状、養護教諭の免許状及び栄養教諭の免許状とし、それぞれ専修免許状、一種免許状及び二種免許状〈高等学校教諭の免許状にあっては専修免許状及び一種免許状〉に区分する。
3．特別免許状は、学校（義務教育学校、中等教育学校及び認定こども園を除く。）の種類ごとの教諭の免許状とする。
4．以下略
（効力）
第9条　普通免許状は、その授与の翌日から起算して10年を経過する日の属する年度の末日まで、すべての都道府県（中学校及び高等学校の教員の宗教の教科についての免許状にあっては国立学校又は公立学校の場合を除く。次項及び第3項において同じ。）において効力を有する。
2．特別免許状は、その授与の翌日から起算して10年を経過する日の属する年度の末日まで、その免許状を授与した授与権者の置かれる都道府県においてのみ効力を有する。

3．臨時免許状はその免許状を授与したときから3年間、その免許状を授与した授与権者の置かれる都道府県においてのみ効力を有する。
4．以下略

地方公務員法（抜粋）
（昭和25年12月13日　　法161）
（改正　平成26年6月13日　法69）

第3章　職員に適用される基準
第6節　服務
（服務の根本基準）
第30条　すべて職員は、全体の奉仕者として公共の利益のために勤務し、且つ、職務の遂行に当たっては、全力を挙げてこれに専念しなければならない。

（法令等及び上司の職務上の命令に従う義務）
第32条　職員はその職務の遂行に当たって、法令、条例、地方公共団体の機関の定める規定に従い、且つ上司の職務上の命令に忠実に従わねばならない。

（信用失墜行為の禁止）
第33条　職員は、その職の信用を傷つけ、又は職員全体の不名誉となる行為をしてはならない。

（秘密を守る義務）
第34条　職員は職務上知りえた秘密を漏らしてはならない。その職を退いた後も、また、同様とする。
2　以下略

（職務に専念する義務）
第35条　職員は法律又は条例に特別の定がある場合を除く外、その勤務時間及び職務上のすべてをその職責遂行のために用い、当該地方公共団体がなすべき責を有する職務にのみ従事しなければならない。

（政治的行為の制限）
第36条　職員は、政党その他の政治的団体の結成に関与し、若しくはこれらの団体の役員となってはならず、又これらの団体の構成員になるように、若しくはならないように勧誘運動をしてはならない。
2．職員は特定の政党その他の政治団体又は特定の内閣若しくは地方公共団体の執行機関を支持し、又はこれに反対する目的をもって、あるいは公の選挙又は投票において特定の人又は事件を支持し、又はこれに反対する目的をもって次に掲げる政治行為をしてはならない。
以下略

（争議行為等の禁止）
第37条　職員は地方公共団体の機関が代表する使用者としての住民に対して同盟罷業、怠業その他の争議行為をし、又は地方公共団体の機関の活動を低下させ怠業的行為をしてはならない。又何人もこのような違法な行為を企て、又はその行為を共謀し、そそのかし、若しくはあおってはならない。
2　以下略

（営利企業への従事等の制限）抜粋
第38条　職員は任命権者の許可を受けなければ、商業、工業、金融業その他営利を目的とする私企業（以下この項及び次条第1項において「営利企業」という。）を営むことを目的とする会社その他の団体の役員その他人事委員会規則（人事委員会を置かない地方公共団体においては地方公共団体の規則）で定める地位を兼ね若しくは自ら営利企業を営み、又は報酬を得ていかなる事業若しくは事務に従事してはならない。
2．人事委員会は、人事委員会規則により前項の場合における任命権者の許可の基準を定めることができる。

第9節　職員団体
（職員団体）
第52条　この法律において「職員団体」とは職員がその勤務条件の維持改善を図ることを目的として組織する団体又はその連合体をいう。
2．前項の団体とは第5項に規定する職員以外の職員をいう。
3～4　略
5．警察官及び消防職員は、勤務条件の維持改善を図ることを目的とし、かつ、地方公共団体の当局と交渉する団体を結成し、又はこれに加入してはならない。

【索 引】

あ
ICF モデル	126
ICIDH（国際障害）モデル	126
アクティブラーニング	67,75
アスペルガー症候群	73
新しい学力観	31

い
ECEC	112
生きる力	32,34,39
インターンシップ	90

え
栄養教諭	22

お
落ちこぼれ	30
恩物	113

か
カウンセリングマインド	80
学習指導	50
学習指導案	51
学習指導要領	26
学習障がい（LD）	125
隠れたカリキュラム	64
学級経営	50
学級担任	62
学校経営	64
学校評議員制度	65
カリキュラムマネージメント	36,37,38

き
基本的生活習慣	119
義務教育学校	7
キャリア教育	87

教育公務員	21,99
教育相談	78
教育相談コーディネーター	86
教育評価	41
教科外指導	39
教科指導	50
共感的理解	80
教職課程	26,29
教職実践演習	16,17
業績主義（Meritocracy）	91
教頭	22
教諭	22

け
経験主義	28,29,35,45
形成的評価	42
系統主義	29,39

こ
講師	22
校長	22
高等師範学校	15
広範性発達障害	73
校務分掌	50,56
子どもの貧困	140
コミュニティスクール	66

し
視覚障がい	129
自己決定	71
自己指導能力	70
自己理解	89
肢体不自由	129
実習助手	22

指導改善研修	101	そ	
指導教諭	22	総括的評価	42
指導主事	21	争議行為	107
児童福祉施設	120	総合的な学習の時間	32,33,44
師範学校（Normal school）	15	属性主義（Aristocracy）	91
自閉スペクトラム障がい（ASD）	125	た	
就業体験	90	確かな学力	33,34
主幹教諭	22	ち	
守秘義務	106	チーム学校	140
受容的態度	81	チームとしての学校	66
助教諭	22	知的障がい	129
職員会議	61	中等教育学校	20
職業指導	88	注意・欠陥多動性障がい（ADHD）	125
職務命令	104	懲戒処分	105
職務専念義務	105	聴覚障がい	129
初任者研修	101	と	
自立活動	129	統一用紙	92
人工知能（AI）	36	到達目標	42
診断的評価	42	道徳	45
信用失墜行為	105	道徳的価値	46
進路指導	88	道徳的実践力	46
進路指導主事	87	特殊教育	128
進路保障	91	特別活動	43
す		特別支援学級	129,135
スクールカウンセラー（SC）	85	特別支援学校	129,135
スクールソーシャルワーカー（SSW）	85	特別支援教育	128
せ		特別支援教育コーディネーター	140
聖職論	7	特別の教科　道徳（道徳科）	34,45
生徒指導	58	に	
成年被後見人	103	認定子ども園	122
成年被保佐人	103	は	
専門職論	9	発達障がい	125,137
専門的教育職員	21	反省的実践家	118

ひ

PISA（学習到達度調査）	33
PDCA サイクル	118
病弱者	129

ふ

副校長	22
服務	103

ほ

保育	111
保育教諭	120
保育士	121
保育所	111
保育要領	111
法定研修	101
法的拘束力	35
ポートフォリオ評価	43
保母	121
保女母	113

も

目標準拠評価	42
問題解決的指導	67, 77

ゆ

ゆとり教育	33

よ

養護教諭	22
幼小連携	116
幼稚園	111
幼稚園教育要領	111
幼保連携型認定こども園	123
予防的指導	76

り

リベラルアーツ	15

る

ルーブリック評価	42

ろ

労働三権	107
労働者論	8

編著者略歴

監 修
　金子邦秀　広島大学大学院教育学研究科博士課程中退　博士（教育学）
　　　　　　現在同志社大学大学院社会学研究科教授・社会学部教授
　　　　　　日本グローバル教育学会会長、学校教育研究会会長

編著者
　伊藤一雄　名古屋大学大学院教育学研究科博士課程修了　博士（教育学）
　　　　　　島津製作所、高校教諭、教頭、京都大、同志社大他の講師（非常勤）
　　　　　　高野山大学教授、関西福祉科学大学教授を歴任、現在両大学の名誉教授

　児玉祥一　兵庫教育大学大学院学校教育研究科　教科・領域教育専攻修士課程修了
　　　　　　神奈川県立高等学校教諭、京都教育大学大学院連合教職実践研究科准教授
　　　　　　現在同志社大学免許資格課程センター准教授

　奥野浩之　同志社大学大学院社会学研究科博士後期課程単位取得退学　修士（教育学）
　　　　　　相愛大学専任講師を経て、現在同志社大学免許資格課程センター准教授
　　　　　　日本グローバル教育学会理事、一般社団法人関西まちづくり協議会理事

執筆者（アイウエオ順）

伊藤一雄	関西福祉科学大学・高野山大学名誉教授、大阪千代田短大客員教授	1章　3章5　4章　巻末資料
奥野浩之	同志社大学免許資格課程センター准教授	2章1、2、3
大橋忠司	同志社大学免許資格課程センター教授	3章3
金子嘉秀	日本体育大学児童スポーツ教育学部助教	5章　6章1
児玉祥一	同志社大学免許資格課程センター准教授	3章1、2
田中希穂	同志社大学免許資格課程センター准教授	3章4
田中曜次	同志社大学免許資格課程センター准教授	2章4-2
中瀬浩一	同志社大学免許資格課程センター准教授	6章2
沼田　潤	相愛大学共通教育センター准教授	2章4-1

新しい教職基礎論

| 2018年2月28日 | 初版1刷発行 |
| 2019年1月30日 | 初版2刷発行 |

　　　　監　修　　金子邦秀

　　　　編著者　　伊藤一雄、児玉祥一、奥野浩之

　　　　発行者　　岩根順子

　　　　発行所　　サンライズ出版
　　　　　　　　　〒522-0004 滋賀県彦根市鳥居本町655-1
　　　　　　　　　TEL.0749-22-0627　FAX.0749-23-7720

　　　　印　刷　　サンライズ出版株式会社

ⓒ伊藤一雄、児玉祥一、奥野浩之　　乱丁本・落丁本は小社にてお取り替えします。
ISBN978-4-88325-636-5 C3037　　　定価はカバーに表示しております。